Maison d'édition marseillaise
dédiée au plein air et à l'aventure

Éditions du Chemin des Crêtes

L'aventure au fil des pages

RANDO-FROMAGE EN FRANCE

Belles balades et fromageries de qualité
Deuxième édition

Flore Cumin

W0242685

IMPRIM'VERT®

Textes, cartes et photographies : Flore Cumin

www.chemindescretes.fr
Graphisme et mise en page : Maxime Rebella et Juliette Kermarrec
Cartographie du sommaire : Jérémy Garniaux

Imprimé à Péronnas par Sépec en novembre 2023 - 07984230636
Dépôt légal 2e semestre 2023 - ISBN : 979-10-95743-48-4

PEFC 10-31-1470 / Certifié PEFC / Ce produit est issu de forêts gérées durablement et de sources contrôlées. / pefc-france.org

8
9
10
7
4
5
6
3
11
2
13
12
1
14
15
16
31
17
30
18
29
19
21
20
28
22
25
23
27
26
24
100
200 km

PRÉFACE

C'est Tristan, éditeur aux Éditions du Chemin des Crêtes qui m'a proposé de réaliser *Rando-fromage en France*. Il ne m'a pas fallu réfléchir bien longtemps pour accepter. De la randonnée, des bons fromages, des découvertes : que demande le peuple ?

Le principe du projet était le suivant : il s'agirait d'un livre qui proposerait des parcours de randonnée dans toute la France, passant à proximité de producteurs de fromages, faisant de la vente directe et éventuellement des visites de leur exploitation.

Chaque chapitre serait composé d'une randonnée et d'un fromage ; il y aurait un texte descriptif sur le parcours, une carte, puis du texte et des photos à propos du producteur, de son exploitation et du fromage qu'il vend, le but étant de donner envie au lecteur de découvrir une région et son terroir de manière vivante et gourmande.

Ce fut un chantier assez vaste pour moi, ne baignant absolument pas dans le milieu fermier ou agricole. Aimer le fromage, ça ne fait pas tout : il a fallu se retrousser les manches.

La première étape a consisté à glaner des contacts à travers les coopératives, les syndicats, les « je connais une personne qui connaît bien un quelqu'un qui... » et autres « on est passé devant telle fromagerie, tiens, voici les coordonnées ! ».

L'idée d'une carte des fromages « classique » a rapidement été abandonnée pour lui préférer une carte des fromages « fermière » et plus éclectique, qui fait la part belle au paysage pastoral et agricole français. Une production fermière, c'est un fromage fabriqué de A à Z par l'agriculteur-fromager, qui produit son propre lait qu'il transforme et affine sur son exploitation.

Vous trouverez par conséquent dans ces pages des fromages connus, d'autres dont vous n'avez jamais entendu parler, des fromages en AOP ou non, et pour la plupart fermiers...

Vous n'y verrez peut-être pas tous les grands classiques des fromages français, mais vous y ferez à coup sûr de belles découvertes. D'autant plus que les fromages sont indissociables du territoire sur lequel ils ont vu le jour, et dont la tradition est perpétuée par les hommes et femmes qui en font leur métier. Aller à la rencontre d'un fromage, c'est en premier lieu aller à la rencontre d'une histoire, d'un terroir, et des gens qui le fabriquent et qui le font vivre.

Les randonnées présentées dans ce livre ont été trouvées par ou avec l'aide des producteurs, ou alors avec le concours des offices de tourisme locaux, qui font souvent le lien entre le terroir et ses acteurs, ainsi que grâce à l'application Visorando.

Flore Cumin

Les pittoresques alpages du Charmant Som, en Chartreuse (Isère)

PETITS RAPPELS SUR LE FROMAGE

Il en existe de toutes sortes de formes et de couleurs, fabriqués avec du lait de vache, de chèvre, de brebis, de bufflonne, de chamelle, de yack…

Concrètement, le fromage, qu'est-ce que c'est ? Du lait, certes, mais entre le pis de la vache et une tranche de comté, il s'est passé pas mal de choses.

Depuis l'Antiquité, le fromage a été développé comme une technique servant à conserver le lait et à bénéficier d'un apport en protéines, même lorsqu'il n'y avait pas de viande à se mettre sous la dent (certains fromages sont connus sous le nom de « viande du pauvre »).

Un fromage, schématiquement et (presque) à coup sûr, c'est: du lait que l'on récupère, que l'on fait coaguler à l'aide de ferments et de présure (l'art subtil du fromager se trouve dans le dosage de ces deux éléments qui, selon leur quantité, vont déterminer le type du fromage); une fois que le lait a caillé, on le tranche pour ensuite le mettre dans un moule. Puis viennent, selon le type de fromage, l'égouttage, le pressage, et surtout, l'affinage. C'est au cours de cette période plus ou moins longue, dans des conditions qu'il faut idéales (hygrométrie, température), que se développent l'arôme et la croûte, les caractéristiques qui font la spécificité d'un fromage.

Vous pourrez vous initier, au cours de vos randonnées et lors de vos visites chez les différents producteurs présentés ici, aux nombreuses différences qu'il existe entre les fromages, et les procédés de fabrication que cela implique: pâtes pressées ou non pressées, cuites ou non, pâtes persillées, pâtes lactiques.

PETITS RAPPELS SUR LA RANDONNÉE

Il est important de vous munir, pour toutes les randonnées citées, d'une carte IGN associée au territoire. Il est également impératif de vous renseigner sur les conditions de randonnée avant tout départ. Emportez toujours au minimum avec vous de quoi boire, vous couvrir, un chapeau ainsi qu'une petite trousse de secours.

Tout aussi important : prévenez toujours le producteur avant de lui rendre visite, qu'il puisse prendre le temps de vous accueillir correctement, sans être pris de court. Vous trouverez les informations de contact pour chaque ferme ou fromagerie dans les informations pratiques des chapitres. N'hésitez pas à préciser que vous venez suite à la lecture de *Rando-fromage* !

Les pictogrammes

- Durée moyenne
- Dénivelé positif
- Difficulté
- Distance
- Point haut
- Carte IGN

L'alpage de Chapendu, au cœur de la Vanoise

LA ROUTE DES FROMAGES À VÉLO

Derrière ce logo se cache un beau projet mené par Claire Perrinel : la Route des Fromages à Vélo.

Son idée ? « *Je pars à la découverte de nos fromages fermiers, de leurs terroirs et des hommes et des femmes qui les produisent. Certains de ces fromages fermiers sont en train de disparaître et je souhaite contribuer à mieux les faire connaître. Le vélo est pour moi le meilleur moyen de parcourir les routes de France. Ça m'aide à saisir les caractères de ces différents terroirs et à mieux vivre les rencontres des hommes et des femmes qui les habitent.* » Cela se concrétise par un site internet bien ficelé, qui répertorie tous les producteurs que Claire est allée visiter : plus d'une soixantaine répartie à travers toute la France, reliés entre eux par les routes de France, et les deux roues d'un vélo.

C'est au cours de mes recherches que, de fil en aiguille, j'ai entendu parler de la Route des Fromages à Vélo. Claire a immédiatement été d'accord pour me donner un coup de main, partageant avec moi photographies et contacts.

Les chapitres portant ce logo font partie des fermes où elle s'est arrêtée lors de son Tour des Fromages à Vélo. Je vous invite à faire un tour sur le site internet http://routedesfromagesavelo.fr pour découvrir l'équipée de Claire, qui a tout de même pédalé six mois durant à travers la France. Chaque ferme visitée s'accompagne d'une présentation et de photos : l'ensemble donne un panorama de la production fromagère fermière de France, qui est loin d'être marginale.

Après avoir travaillé six mois au GAEC du Carré d'Ouailles, Claire a repris la route en septembre 2018 pour le Sud, à la rencontre des fromagers d'Alpage. Vous pouvez suivre les dernières actualités de ses voyages sur sa page Facebook « Route des Fromages à Vélo ».

Merci pour ton aide Claire, et bonne route !

BONNES PRATIQUES ET RÈGLES D'USAGE EN ALPAGE

Ah, la montagne, ses alpages, ses herbes folles et ses fleurs de toutes les couleurs. Ça donne envie de gambader le cœur léger. Oui, mais attention ! Les alpages sont des propriétés communales ou bien privées. Alors adoptons quelques règles simples de bonne conduite pour en profiter sans déranger.

Alpage, quèsaco ?

Un alpage est une prairie naturelle d'altitude qui sert de pâture aux animaux dès l'été venu. Lieu de vie et garde-manger pour les troupeaux, lieu de travail pour les éleveurs, l'alpage est tout autant une maison, un bureau, qu'un frigo. Sans alpage, pas d'herbe fraîche pour les bêtes, et sans animaux, plus d'alpage non plus (ni de pistes de ski l'hiver !) puisque les espaces se referment sous l'avancée de la végétation. En plus d'être essentiel à l'écosystème de montagne, l'alpage est un équilibre parfait entre nature et activités humaines.

Faire ou ne pas faire, telle est la question

Nous sommes chez quelqu'un, ce qui implique de repousser les portes, clôtures et barrières derrière soi pour garder les espaces fermés. Un chalet d'alpage est une propriété privée. Afin que l'alpagiste puisse vous accueillir dans les meilleures conditions, on préférera toujours annoncer sa visite, plutôt que de regarder à travers les fenêtres ou rentrer sans frapper. Essentiels pour ne pas se perdre, les sentiers le sont tout autant pour ne pas souiller la nourriture des animaux, nuire à la biodiversité ou encore favoriser l'érosion. On ne cueillera pas les fleurs et on emportera bien sûr ses déchets afin de ne laisser aucune trace de son passage.

L'alpage est le lieu de travail des patous, les chiens de protection des troupeaux. Rentrer dans son bureau avec perte et fracas lui donnerait le sentiment d'une intrusion malveillante. On veillera toujours à rester à bonne distance des troupeaux, à tenir ses animaux de compagnie en laisse et à ne jamais au grand jamais caresser les patous.

GLOSSAIRE

Affinage

Opération par laquelle le fromage acquiert son identité et sa saveur. En le laissant reposer un certain temps (variable selon le fromage), dans des conditions spécifiques (température, hygrométrie), parfois en le retournant et en le frottant à l'eau salée (ou autre), et en surveillant régulièrement son évolution, le fromager va amener le fromage au stade de maturation désiré. C'est au cours de l'affinage que la croûte du fromage se forme.

Aiguille

Prolongée par un manche, l'aiguille en acier sert à piquer les fromages à pâte persillée. En pénétrant dans les micro-orifices créés par l'aiguille, l'air va favoriser le développement des moisissures, les fameuses traces bleues.

AOP : Appellation d'Origine Protégée

Label créé en 1992 par la Commission Européenne, il « désigne des produits qui ont été produits, transformés et élaborés dans une aire géographique déterminée, en mettant en œuvre le savoir-faire reconnu de producteurs locaux et des ingrédients provenant de la région concernée » (source : Commission Européenne, « Politique de l'UE en matière de qualité des produits agricoles »). Il implique la création d'un cahier des charges, et la délimitation d'une zone précise. Son intérêt est notamment de garantir la réputation du produit et de la région, la bonne information du consommateur, et d'établir un régime communautaire de protection garantissant des conditions de concurrence égales entre les producteurs de produits portant ces mentions.

Aveugle

On dit d'une pâte qu'elle est aveugle quand elle ne présente pas d'ouvertures (de trous, aussi appelés des « yeux »). Le Beaufort, par exemple, est une pâte aveugle.

Brise-caillé

Aussi appelé « tranche-caillé », le brise-caillé est un découpoir manuel qui permet de découper le caillé dans la cuve ou le chaudron. Il va séparer le grain de caillé du lactosérum (le petit-lait), ce qui favorise l'égouttage du caillé.

Caillage/caillé

Coagulation du lait entraînée par la présure que l'on y ajoute. Le lait caillé est ensuite découpé à l'aide d'un tranche-caillé (sorte de râteau avec des fils) en cubes de tailles différentes selon le fromage que l'on fabrique.

Cendré

Fromage à pâte molle saupoudré de cendres de bois. À l'origine, la cendre était un moyen de conservation.

Croûte fleurie
Certains fromages à pâtes molles (camembert, brie, saint-marcellin…) développent une croûte blanche d'aspect duveteux suite à un emprésurage avec du penicillium (généralement, du *penicillium camemberti*).

Égouttage
Opération qui fait passer le caillé de l'état semi-solide à l'état solide en le libérant du petit-lait restant. L'égouttage peut se faire sous presse ou bien simplement par l'action du temps.

Emprésurage
Fait d'ajouter de la présure au lait pour qu'il caille.

Estive
Période de l'année où l'on emmène les bêtes en estivage, et par extension, pâturage d'été.

Ferments lactiques
Bactéries qui entraînent, par réaction chimique, la formation d'acides lactiques, qui jouent un rôle essentiel dans la fabrication des yaourts ou des fromages lactiques, et dans de nombreux autres aliments. Les ferments préviennent notamment de la putréfaction. Avec des ferments lactiques, on obtient un caillé crayeux et fragile.

Fleur
On remarque parfois des touches de couleur d'aspect duveteux sur la croûte de certains fromages (par exemple sur la tomme, on peut parfois en observer des jaunes ou des blanches) : ce sont des « fleurs », c'est-à-dire des champignons (type penicillium) qui se sont développés à la surface de la croûte. C'est tout à fait normal, et gage de la bonne qualité du fromage !

Fromage fermier
Fromage fabriqué par un agriculteur qui produit et transforme lui-même son lait, alors que les fromagers artisans ou industriels achètent le lait à un agriculteur. Ainsi, le lait subit peu ou pas de contraintes depuis la traite jusqu'à la transformation (transport, stockage), ce qui garantit des arômes préservés et des caractéristiques uniques.

Fromage lactique
Fromage dont la pâte est issue par coagulation biologique, c'est-à-dire que les ferments lactiques jouent un rôle aussi important que la présure dans la coagulation. On parle de pâte fraîche ou de fromage frais : ils sont moulés directement après une dizaine d'heures de caillage.

GAEC : Groupement Agricole d'Exploitation en Commun
Forme de société civile agricole.

I.G.P : Indication Géographique Protégée
Signe d'identification de la Communauté Européenne, l'IGP identifie un produit agricole, brut ou transformé, dont la qualité, la réputation ou d'autres caractéristiques sont liées à son origine géographique. Dans les Alpes du Nord, il existe quatre fromages IGP sur les neuf que compte la France : l'IGP Emmental de Savoie, l'IGP Tomme de Savoie, l'IGP Raclette de Savoie et l'IGP Saint-Marcellin.

Lactosérum
Plus connu sous le nom de « petit-lait », ce liquide se forme lors de la fabrication du fromage, lorsque l'on ajoute présure et ferments au lait. Jadis considéré comme une matière peu noble et encombrante (il rentre dans la composition du Sérac, le « fromage du pauvre »), il est de plus en plus utilisé pour la fabrication de fromages, et reconnu pour ses propriétés intéressantes, à savoir riche en protéines et très pauvre en matières grasses.

Lait cru
Lait « brut de décoffrage » qui n'a subi aucune modification (pasteurisation, stérilisation, thermisation, microfiltration) et dont la température n'a jamais excédé les 40°C (c'est-à-dire la température de l'animal).

Lait thermisé
Lorsque l'on chauffe du lait cru pendant au moins 15 secondes, entre 57 et 68°C, cela permet la destruction de certaines bactéries pathogènes, mais en altérant moins les propriétés du lait cru que lors d'une pasteurisation (chauffage du lait entre 66 et 88°C, puis refroidissement rapide).

Morge
Solution composée d'eau salée et de micro-organismes, la morge est utilisée pour apporter une certaine quantité de sel et ensemencer les fromages avec des ferments d'affinage qui vont permettre d'obtenir la croûte. L'emmorgeage désigne l'action de frottage, de brossage, ou de pulvérisation de la morge sur le fromage. On parle de croûte morgée par exemple pour l'AOP Abondance et l'IGP Raclette de Savoie.

Mycélium
Champignon blanc et duveteux qui se forme à la surface de certains fromages.

Pâte molle
Pâte qui n'a subi ni chauffage, ni pressage.

Pâte cuite
Fromage dont le caillé a été chauffé au moment de le trancher, généralement à plus de 50°C.

Pâte non pressée
Fromage dont la pâte n'a pas été pressée au moment du moulage.

Pâte persillée
Fromage qui présente des moisissures internes, causées par un ensemencement au penicillium.

Pâte pressée
Fromage dont la pâte a été passée sous presse au moment du moulage. On distingue les fromages à pâte pressée cuite (beaufort, comté, emmental) dont la pâte est généralement très dense, et les fromages à pâte pressée non cuite (cantal, salers, morbier, reblochon...).

Penicillium
Champignon qui rentre dans la fabrication de certains fromages, notamment ceux à la pâte persillée : roquefort, bleu, fourme d'Ambert...

Présure
Enzyme (une protéine qui possède des propriétés entraînant des réactions chimiques) extraite de l'estomac des jeunes ruminants (veaux, agneaux), dont on se sert comme coagulant pour obtenir le caillage.

Embouteillage sur le sentier ! © Tristan Duchet

1 Ouvrez l'app Visorando

2 Appuyez ici

3 Scannez votre QR Code ici

Visorando
Préparer et partager ses randos

LA CHARTE du visorandonneur

Préparation de sa randonnée

BIEN CHOISIR SA RANDONNÉE

en fonction de sa durée, et de sa difficulté, en fonction de ses compétences et de sa condition physique.

CONSULTER LA MÉTÉO

et se renseigner sur les particularités du site : neige, température, horaires et coefficient des marées, vent, risque d'incendie...

S'ÉQUIPER EN CONSÉQUENCE

équipement particulier, moyen d'alerte, trousse à pharmacie, vêtements... et prendre de quoi boire et s'alimenter.

PRÉVENIR

au moins une personne du projet de randonnée.

Comportement pendant la randonnée

RESTER SUR LES SENTIERS

(sauf cas exceptionnel).

RESPECTER

les cultures et les prairies, ne pas cueillir ou ramasser les fruits.

RESPECTER LES INTERDICTIONS

propres au site : ne pas cueillir, ne pas faire de feu, ne pas camper...

REFERMER

les clôtures et barrières après les avoir ouvertes, demeurer prudent en cas de troupeau et s'en écarter.

RAMENER SES DÉCHETS

ne pas laisser de traces de son passage.

ÊTRE DISCRET

respectueux et courtois vis à vis des autres usagers.

GARDER LA MAITRISE DE SON CHIEN

le tenir attaché, l'avoir auprès de soi à chaque croisement d'autres usagers, pouvoir le rappeler à tout moment. Randonner avec son chien est à proscrire en présence de troupeaux.

LA NATURE EST UN MILIEU VIVANT

qui évolue avec le temps, randonner c'est partir à l'aventure avec les risques qui y sont liés. Savoir renoncer et faire demi-tour est aussi un geste responsable.

Qu'il soit privé ou public, vous randonnez toujours sur un terrain ne vous appartenant pas, particulièrement s'il est privé, les propriétaires autorisent (généreusement, gracieusement ou aimablement) le passage.

Merci de ne pas poursuivre en justice en cas d'accident ceux chez qui vous randonnez au risque de se voir interdire ce loisir; mais vous pouvez signaler tout risque rencontré.

01 Ferme de l'Âne Vert

– Vienne –

Le GAEC Roux de l'Âne Vert est une ferme familiale qui, depuis trois générations, a su développer son activité de manière florissante en diversifiant sa production et ses activités : vaches, chèvres, porcs, fromagerie, culture de céréales et de fourrage… Aujourd'hui, la ferme ne compte pas moins de 15 personnes travaillant au bon fonctionnement de l'exploitation, où une partie du lait des vaches et des chèvres est directement transformée en fromage. Le fromage de chèvre, véritable emblème du Poitou, a largement contribué à faire connaître la ferme. Les chèvres y sont principalement de race alpine, et sont nourries avec le foin de luzerne de l'exploitation. Ce foin est la clef de la réussite des fromages : il permet aux chèvres de fournir un bon lait, riche et équilibré, de qualité régulière et en quantité suffisante.

De nombreux fromages sont fabriqués avec ce bon lait : Chabichou du Poitou en AOP, bûchettes, crottins, galettes, pyramides, carrés, bouchons apéritifs, tommes… La devise de la ferme : « Il n'est de Chabichou que du Poitou ! ».

CONTACT

Ferme de l'Âne Vert

GAEC Roux de l'Âne Vert
86230 Sossay

www.ferme-ane-vert.com

05 49 90 73 85

ane.vert86@gmail.com

INFOS PRATIQUES

Visite et vente : La fromagerie est ouverte tous les jours sauf dimanche et jours fériés, de 8 h à 12 h, et le vendredi ; 8 h - 12 h et 15 h - 19 h.

Visite libre d'une partie de la ferme sur demande à la fromagerie, et visite de groupe sur réservation à partir de 15 personnes, selon disponibilité.

Chabichou du Poitou fermier AOP

Fromage emblématique du Poitou, celui de la ferme de l'Âne Vert est particulièrement savoureux, et a même obtenu en 2017 la médaille d'or au Concours Général de Paris. Issu d'une tradition ancienne, on en trouve des mentions dès le VIIIe siècle. Ce sont des Sarrasins, abandonnés par leur armée en fuite après la défaite de Poitiers en 732, qui en seraient les premiers fabricants ; « chabi » serait une déformation de l'arabe « chebli », qui signifie « chèvre ». C'est un petit fromage de 150 g environ, avec une croûte fleurie de couleur ivoire à jaune pâle, qui présente parfois une fleur bleue. Il est fabriqué uniquement avec du lait de chèvre frais et entier. Ce fromage se consomme généralement à 15 jours d'affinage. Il sera alors sec, mais peut aussi devenir crémeux, voire coulant à souhait selon les conditions d'affinage.

DÉGUSTATION

Voici quelques conseils pour mieux déguster les nombreux fromages de la ferme de l'Âne Vert: les fromages affinés demi-secs se consomment généralement en fin de repas, et peuvent être associés au vin local, le Haut-Poitou, rouge ou blanc selon les préférences de chacun.

Quant aux fromages très affinés, ils sont parfaits à l'apéritif avec un vieux pineau, ou alors en fin de repas, accompagnés d'un vin bien charpenté. La faisselle, elle, peut servir de base pour les quiches, et aussi être préparée en « fromagée », c'est-à-dire mélangée avec de l'ail, de l'échalote ou de la ciboulette, pour y tremper des carottes et autres crudités.

Il n'est de Chabichou que du Poitou ! © Rémy Cantin

DE PORCHE EN PORCHE À THURÉ

Ce parcours vous rapproche du GAEC de l'Âne Vert, situé à 8 minutes en voiture de Thuré, via la D14. Vous pouvez y faire un crochet à pied depuis le hameau des Pichereaux par lequel passe l'itinéraire (3 km A/R, itinéraire tracé en bleu).

Départ : De l'église de Thuré (église Saint-Pierre), datée des XIIe et XVe siècles, qui possède un porche d'entrée.

Prendre la rue du Champ-de-la-Porte, qui mène au cimetière. On peut voir au-dessus une croix hosannière (monument funéraire construit entre les XIIe et XVIe siècles, généralement une colonne surmontée d'une croix) et sur la droite, se trouve le château de la Barbelinière.

FICHE TECHNIQUE

3 h — 166 m

14,5 km — Facile

178 m — 1825SB

Traverser le bois pour arriver au hameau des Pichereaux. Traverser la D14 direction Les Blots, prendre à gauche entre bois et prairie pour rejoindre Beaulieu (porche dans le hameau).

Présence de jolis porches au hameau des Boutants, sur la gauche. Longer le bois Grivot sur le chemin. À la clé, une belle vue sur le château de la Massardière et sur Thuré. Retour à Thuré.

Circuit à retrouver et télécharger sur www.randonnees-vienne.com, ainsi que d'autres idées de parcours dans la région.

Elles sont encore plus curieuses que vous ! © Rémy Cantin

© Rémy Cantin

Château de la Massardière

LA BONNE IDÉE

Entre Chatellerault et Sossay, joli petit gîte pour deux personnes à Thuré : **le Four à Pain des Andreaux**. *Infos : 05 49 86 20 87 - resa-gites@tourisme-vienne.com.*

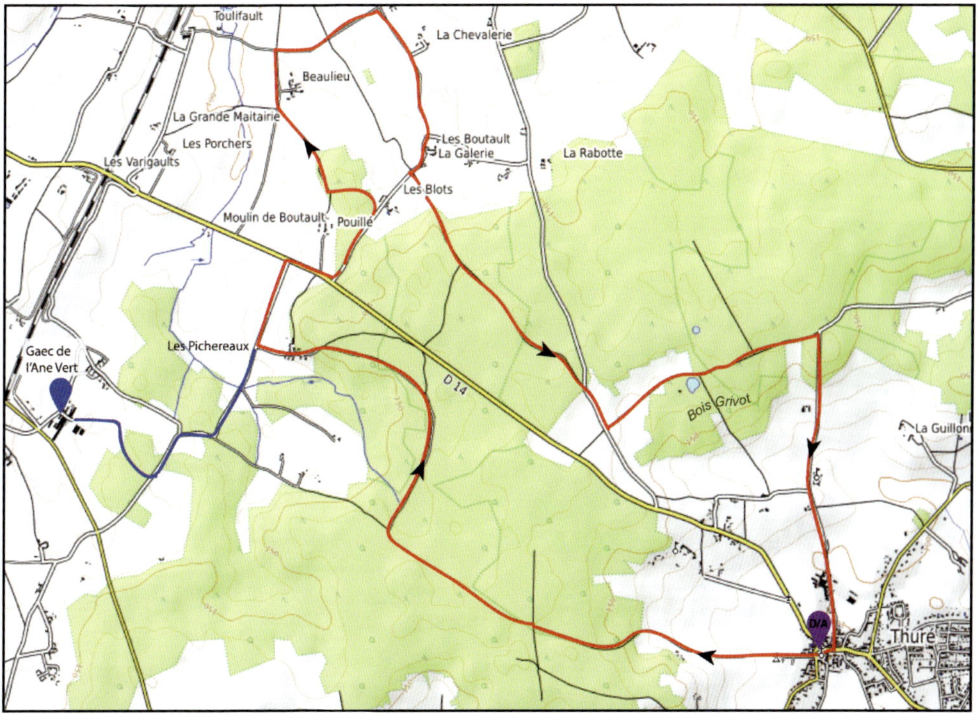

02 Fromagerie de la Mer

– Morbihan –

Entre ostréiculture et fromages aux algues, ce joli tour en Bretagne du Sud réserve bien des surprises ! La fromagerie de la Mer, qui propose des produits uniques en leur genre, n'est qu'à quelques encablures de l'île aux Moines, la perle du Morbihan. Et si vous voulez encore plus de paysages bretons, courez faire le tour de l'île de Berder, elle aussi située en face de Baden, et accessible à pied à marée basse. Vous l'aurez compris, la Bretagne n'est pas en reste en termes de tradition fromagère. À Baden, dans le Morbihan du Sud, Guillaume Chenot a ouvert une fromagerie qui propose des produits locaux, écologiques et solidaires, privilégiant un circuit très court (5 km entre la ferme et la fromagerie) et une juste rémunération du producteur de lait (la ferme biologique du Golfe de Ronan et Xavier, à Arradon).

S'ils sont artisans fromagers, Guillaume et Isabelle sont aussi des explorateurs de saveurs, en témoigne la grande originalité des fromages qu'ils fabriquent. Outre les fromages bretons « classiques » (Menhir, Tome bretonne, Badennois), ils fabriquent des fromages tout bonnement étonnants avec pour but d'y incorporer l'identité de la Bretagne, qui repose indéniablement sur l'océan.

CONTACT

Fromagerie de la Mer

Isabelle et Guilaume Chenot
1 route D316, Tréver
56870 Baden

www.fromage-breton.com

06 62 74 55 99 ou
07 82 49 56 33

lebadennois@gmail.com

INFOS PRATIQUES

Vente : Ouverture du mardi au samedi de 10h à 12h30 et de 15h à 19h.

Marchés : Mardi et vendredi : Baden de 16h30 à 19h30, La Trinité-sur-Mer de 8h à 13h ; samedi : Quiberon de 8h à 13h, Vannes de 8h à 13h ; mercredi et dimanche : Larmor-Baden de 8h à 13h, Carnac de 8h à 13h.

Goût iodé, couleurs : l'idée était de concevoir des fromages en travaillant avec des produits régionaux issus de la mer. Les fruits de cette rencontre sont loin de laisser indifférents : Tome de la mer aux trois algues, Perle noire à l'encre de seiche, ou Galet céladon à la spiruline ; un régal pour les papilles et pour les yeux.

DÉGUSTATION

Pour accompagner leurs fromages, Guillaume et Isabelle proposent des vins du Beaujolais issus du domaine du Château Bonnet, à la Chapelle de Guinchay (71).

L'équipe au complet devant le nouveau local © Fromagerie de la Mer

Tome de la Mer

Produit emblématique de la fromagerie, cette tome de vache au lait cru et aux trois algues de Roscoff (commune bretonne du Finistère) est douce, tendre, colorée et bien iodée. Ne vous fiez pas à sa croûte grise : à l'intérieur, c'est une explosion de couleurs ! La dulse apporte des tonalités rouges, la nori des touches de brun, et la laitue de mer se charge du vert. Outre leur apport diététique, incorporer des algues au processus de fabrication du fromage modifie le déroulement de l'affinage, donnant à la pâte une texture légère. Oubliez tout ce que vous savez de la tomme classique et laissez-vous surprendre par la Tome de la Mer de Guillaume ! En plus de ses fromages hauts en couleur, Guillaume produit aussi du fromage blanc, du gweden (ou gros lait, un lait fermenté entre yaourt et fromage blanc), ainsi que de la crème fraîche crue, onctueuse à souhait.

UNE JOLIE BOUCLE SUR L'ÎLE AUX MOINES

FICHE TECHNIQUE

3h30
30 m
11,76 km
Facile
40 m
0921OT

Depuis la fromagerie, se rendre à Port-Blanc. De là, prendre la navette qui conduit sur l'île aux Moines (cinq minutes de traversée).

Départ : Une fois sur l'île, longer le port jusqu'au bout et continuer tout droit en restant sur la rue Neuve pour parvenir à une place.

Au bout de celle-ci, suivre à gauche la rue Yvon-Cadet. Prendre à droite rue du Presbytère. Continuer tout droit et prendre à gauche, rue du Naudeux.

Après les petits immeubles à gauche, prendre le chemin de droite pour arriver à la mer.

Suivre le sentier côtier. À Pen Hap, passer devant le chantier naval du Guip et continuer tout droit sur la

© Jean

route de Carlez. Arrivé à une jetée, reprendre le sentier côtier vers la droite. Le suivre sur 450 m, quitter la mer pour rattraper la route de Kerbozec à proximité.

Aller à gauche et suivre cette route. La route fait un virage à angle droit vers la gauche : sortir à ce moment pour prendre le chemin de droite. Parvenir alors à la mer de l'autre côté de l'île. Suivre le sentier côtier, passer le Rudel.

Continuer sur le sentier pour tomber sur la belle petite plage du Goret. La contourner et suivre le chemin qui s'écarte un peu de la mer.

Continuer ainsi sur 300 m. À une maison sur la gauche (il y a également une maison juste un peu plus haut à droite), prendre à gauche pour rattraper le sentier côtier. Parvenir à la mer, continuer vers la droite et marcher 300 m environ.

Arrivé à une petite pointe, tomber sur la route du Greignon et la suivre sur 250 m en s'écartant de la mer.

Au croisement en Y, prendre à gauche la rue du Gazolden, la suivre jusqu'à un virage à angle droit, continuer et prendre à gauche rue de Rinville.

À la rue du Dolmen, prendre à gauche et continuer sur cette route. Arrivé à une petite place, sortir de celle-ci pour prendre complètement à gauche.

Continuer tout droit pour reprendre le chemin côtier. Plus loin, traverser la plage du Lerio (avec ses cabines) et rester le long de la mer sur le sentier côtier (attention, quelques passages un peu délicats). En poursuivant, retourner sur le port.

Reprendre le même bateau pour revenir à Port-Blanc.

Auteur : dg68, Visorando

LA BONNE IDÉE

Déguster des huîtres et autres fruits de mer :

Sur le pont de Pen-en-Toul, à trois minutes de la fromagerie, à l'établissement Gouguec, à Pen-en-Toul, 56 870 Larmor-Baden. *Infos : www.huitres-gouguec.fr – 06 42 56 39 06.*

Et pour le dessert :
Fraises, framboises, myrtilles et cassis de Nicolas, au village de Bono, chez Les P'tits Fruits du Maneguen, 56 400 Le Bono, magasin ouvert du lundi au samedi de 9 h 30 à 12 h 30 *(www.les-petits-fruits.fr).* Profitez-en pour aller voir le Tumulus du Rocher et les tombelles de Kernours, aussi au Bono !

L'île aux Moines sous les couleurs automnales © Philippe Rousseau, Flickr

03 Ferme de Pennevet-Laurens

– Finistère –

La ferme de Pennevet-Laurens est une toute petite exploitation de dix vaches bretonnes, des Pie Noir. En 2008, Ronan Le Palud s'est installé sur 16 hectares de terres vallonnées.

Les vaches sont dehors toute l'année, nourries exclusivement à l'herbe et au foin en agriculture biologique. Toutes les naissances ont lieu au printemps, les veaux sont laissés avec leur mère jusqu'à l'âge de trois mois, et en hiver, c'est repos pour tout le monde !

Ronan travaille à mi-temps sur la ferme. Le matin, il est professeur d'agronomie dans un centre de formation d'apprentis. Les produits proposés sont la tomme et le beurre (sur commande pour ce dernier), et, parfois, un peu de brousse à base de petit-lait.

DÉGUSTATION

Pour déguster la tomme de Ronan : les vins du Forez de la cave Verdier-Logel, aussi bien en rouge qu'en blanc !

CONTACT

Ferme de Pennevet-Laurens

Ronan Le Palud
Pennevet-Laurens
29180 Quéménéven

07 76 69 04 94

INFOS PRATIQUES

Vente : Le vendredi soir de juillet à décembre, à la ferme de Pennaprat à Plogonnec (à 1 km de la ferme de Pennevet-Laurens) de 17h30 à 19h30.

Visite : Pour les visites, appeler avant au 07 76 69 04 94.

Tomme de la Petite Montagne

La tomme de la Petite Montagne se nomme ainsi car la ferme se situe juste à côté de la « montagne » de Locronan (280 m d'altitude tout de même !) et aussi car Ronan a effectué un stage dans une exploitation laitière de lait à Comté dans le Jura, dans la région naturelle dite de la « Petite Montagne ».

La tomme change de goût au cours de l'année : plutôt douce au début, le caractère des tommes de l'automne est plus affirmé lorsque les vaches sont en fin de lactation et produisent un lait plus riche.

© Claire Perrinel

© Claire Perrinel

La Pie Noir de Bretagne © Ronan Le Palud

DANS LA CAMPAGNE DE QUÉMÉNÉVEN

Jolie boucle à travers la campagne bretonne entre les villages de Quéménéven et de Saint-Albin qui passe à proximité directe de la ferme de Ronan.

FICHE TECHNIQUE

3h40
169 m
11,20 km
Facile
159 m
0518OT

Départ: Entrée de Quéménéven. Prendre à droite la rue du Château d'eau, contourner la ferme de Kerimanton par la droite.

À la patte d'oie, prendre le chemin empierré qui monte à droite. Le suivre jusqu'à une route au niveau d'un petit bois (panorama sur le Menez Hom et les crêtes de Dinéault).

Prendre à gauche, suivre la route qui monte sur 1 km. À la patte d'oie, prendre à droite et rejoindre une autre petite route.

Prendre à gauche, suivre la route bordée d'arbres, et suivre à gauche sur 200 m la grosse route sur laquelle elle débouche.

Au panneau « Scierie, caisserie, palettes », prendre à droite. Suivre la route sur 1 km.

Un peu avant Saint-Albin, prendre à gauche pour rejoindre une rue avec quelques maisons. Au stop, continuer tout droit dans la rue principale sur le chemin piéton. Dépasser le parking sur la droite, et prendre la première toute à droite (panneau « Cave de Saint-Albin »).

Passer un premier carrefour. Au suivant, suivre l'indication Cosquer Goff qui signale une impasse. Contourner la vieille ferme par la gauche et entamer la descente dans la vallée du Steïr (vue sur l'ancien moulin de Kerrefren).

Prendre à gauche sur le chemin empierré qui monte.

Tourner à droite et continuer sur le chemin qui monte. Prendre à gauche. Arrivé sur la ferme de Keroriou ar Gorré, la traverser pour rejoindre la route.

Prendre à droite, traverser une route, continuer en face. Suivre cette route sur 2 km jusqu'à Quéménéven.

Sur les hauteurs de Pennevet-Laurens © Ronan Le Palud

LA BONNE IDÉE

Le « From Fest » de Ronan

Le samedi soir du dernier week-end d'août, un petit festival se déroule sur la ferme avec une programmation rock, folk, reggae, ska… et bien entendu de quoi se restaurer à base de fromage !

Auteur : Michel Floch, Visorando

04 Fromagerie du Vaumadeuc

– Côtes-d'Armor –

Certes, la tomme est un fromage de montagne, mais elle n'en est pas moins une grande voyageuse. On la trouve ici fort loin de ses traditionnels alpages, au cœur du pays breton. Fabriquée sur les terres du Vaumadeuc, véritable terroir de bord de mer, elle s'affine et prend du caractère dans les caves du très beau corps de ferme de la fromagerie du Vaumadeuc. On peut facilement s'y rendre à pied au cours d'une balade, à la découverte du joli port de Dahouët et des paysages côtiers sauvages, en passant par des sections du fameux GR®34 ou « Sentier des Douaniers », qui longe la côte bretonne sur plus de 1 700 km.

Si la ferme du Vaumadeuc appartient à la famille Lévêque depuis 1902, le bâtiment, lui, est bien plus ancien, jadis métairie du Seigneur du Guémadeuc. Le détour par la ferme vaut le détour, ne serait-ce que pour admirer ses vieilles pierres. Jean-François et Marie-Paule reprennent la main en 1987 et décident de se lancer dans la fabrication de fromages afin de valoriser le lait produit sur les terres de l'exploitation, d'une qualité exceptionnelle.

CONTACT

Fromagerie du Vaumadeuc

Marie-Paule et
Jean-François Lévêque
Le Vaumadeuc
22370 Pléneuf-Val-André

fromagerievaumadeuc.com

02 96 72 85 82

INFOS PRATIQUES

Vente : Ouverture de la boutique de la ferme du 1er mai au 15 septembre et pendant toutes les vacances scolaires, tous les jours sauf le dimanche, de 10 h 30 à 12 h 30 et de 16 h à 19 h. Le reste de l'année : ouverture le samedi de 10 h 30 à 12 h 30 et de 16 h à 19 h, et sur rendez-vous au 02 96 72 85 82.

Sur les marchés : vendredi de mars à novembre à Val André, et mardi à Pléneuf de juin à août.

Tous les fromages produits sur place sont au lait cru : il faut donc rapidement transformer ce dernier après la traite, qui a lieu tôt le matin. Les terres alentour servent à cultiver des céréales en agriculture biologique.

Tomme du Vaumadeuc

Première née de la fromagerie, cette tomme à pâte blanche est, comme le reste des produits de l'exploitation, un fromage fermier au lait cru, qui fait par conséquent preuve de caractère et de typicité. Pâte pressée non cuite, sa texture est fine et sa croûte fleurie lui donne une note puissante. Affinée entre 8 à 12 semaines dans une cave à 12°C, la tomme prend une saveur affirmée, légèrement poivrée.

Elle se conserve dans son papier d'emballage, entourée d'un torchon humide, le tout dans le bac à légumes du réfrigérateur. Fromage de garde, on peut la conserver un moment : au moins un mois. On peut donc se permettre d'en acquérir un gros morceau !

Outre la tomme du Vaumadeuc, Marie-Paule et Jean-François produisent le Grand Madeuc, une pâte pressée mi-cuite, le Val-Doré, un fromage à croûte lavée et salée, du fromage blanc et de la crème fraîche, ainsi que de très alléchantes glaces fermières aux parfums de caramel au beurre salé, chocolat, fleur de lait, noisette ou vanille. Le choix risque d'être compliqué...

La tomme du Vaumadeuc
© Marie-Paule Lévêque

DÉGUSTATION

Un fromage bien relevé appelle un vin puissant : Côtes-du-Rhône, Bourgogne ou Beaujolais.

La tomme du Vaumadeuc s'apprécie également avec une confiture de cerises noires et se déguste volontiers fondue dans des galettes de blé noir.

DU PORT DE DAHOUËT AU VAUMADEUC

FICHE TECHNIQUE

3 h
60 m
10,9 km
Facile
133 m
0916ET

Se garer au bout du port, au quai du Mûrier (à côté du restaurant).

Départ: Monter la rue longeant le restaurant et tourner à gauche rue du Sancie. Prendre la première à droite. Reprendre à droite au croisement suivant pour rejoindre le chemin côtier au bout de la rue. Suivre le sentier côtier jusqu'à la maison en bordure de la côte.

Au carrefour, prendre à gauche. Continuer sur la route jusqu'au croisement, prendre à gauche pour rejoindre le chemin de la Sancie. Au bout de ce dernier, tourner à droite pour revenir au point de départ. Ensuite, longer le port et tourner à gauche (rue des Goélettes). Continuer jusqu'au passage piéton. Traverser et prendre le chemin de l'Étang, en face (laisser la rue du Lest à gauche). Suivre le chemin de l'Étang jusqu'à rejoindre un petit lac. Continuer à droite jusqu'au pont en bois (pont Carla).

Juste avant de traverser le pont, possibilité de faire un crochet pour vous rendre à pied à la ferme du Vaumadeuc: prendre à droite le chemin des rues Martins, qui longe le cours d'eau La Flora. Rester sur le sentier jusqu'à ce qu'il rejoigne une petite route, tourner à droite sur cette dernière: continuer 400 m, la ferme sera sur votre droite (4,6 km A/R).

Après le pont, tourner à gauche et poursuivre jusqu'au carrefour avec la rue du Port. Prendre à droite puis à gauche, rue du Corps-de-Garde. Laisser deux rues à gauche et une à droite.

La ferme et ses vieilles pierres © Marie-Paule Lévêque

Dans une courbe, prendre à droite le petit chemin balisé bleu. À l'embranchement, tourner à droite et poursuivre jusqu'au bout de la rue de Dahouët. Au croisement, prendre à gauche rue de Lamballe, puis à gauche de nouveau, rue des Vagues. Poursuivre jusqu'à la digue. Prendre à gauche sur la promenade de la digue. Tourner dans la première à gauche, puis à droite, après la troisième maison, pour prendre le sentier côtier. Rester sur le sentier de droite pour faire le tour et arriver devant l'Oratoire de Notre-Dame-de-la-Garde.

À la sortie du sentier, on arrive sur le port. Suivre le quai des Terres-Neuvas puis prendre à droite la rue du Pont-Neuf puis la rue du Lest. Terminer le tour du port pour rejoindre le point de départ.

LA BONNE IDÉE

Pour les gourmands : les sucettes du Val-André, qui régalent petits et grands depuis 1928, avec aujourd'hui plus de 60 parfums proposés. *Infos : Les Sucettes du Val-André, 137 rue Clémenceau, 22370 Val-André.*

À 15 min de route de Pléneuf se trouve le magnifique **Haras National de Lamballe,** qui abrite des races de chevaux bretons que l'on peut venir saluer au cours d'une visite, tout en admirant la grandeur des lieux. Spectacles équestres du 19 juillet au 16 août. *Renseignements : www.haras-lamballe.com.*

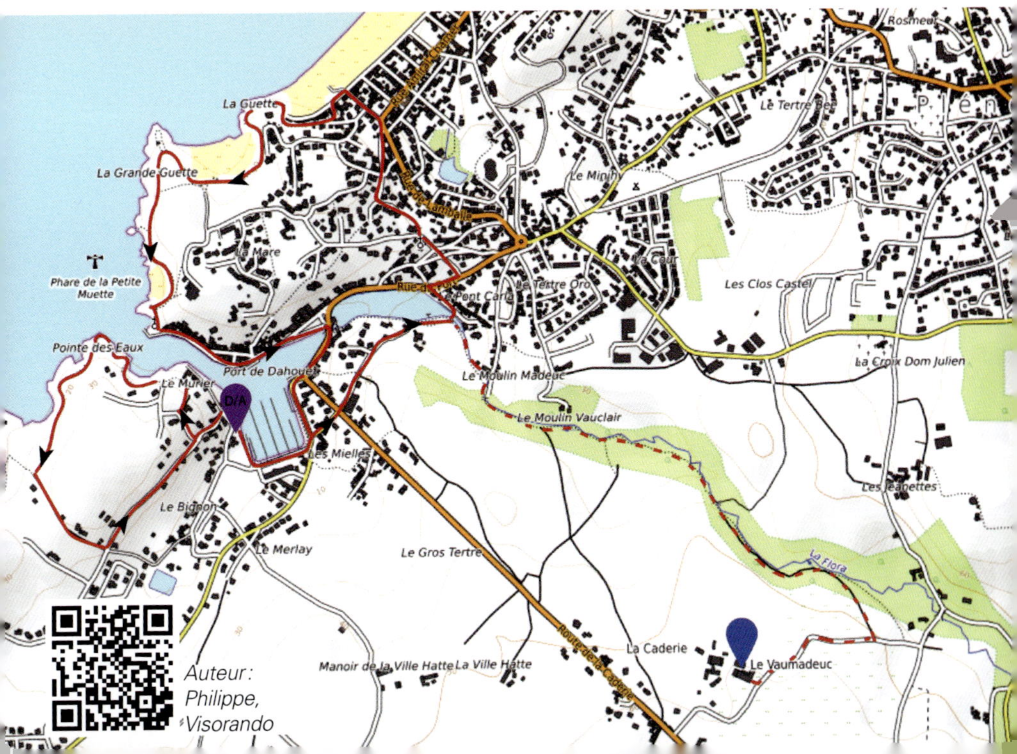

Auteur : Philippe, Visorando

05 GAEC des Quatre Chemins

– Ille-et-Vilaine –

Bienvenue en Pays de Fougères, au cœur de la verdoyante Ille-et-Vilaine. Ce circuit champêtre est parfait pour tous les âges et idéal pour partir à la découverte d'une Bretagne que l'on connaît peut-être moins. Entre granite à fleur de terre, zones boisées et manoirs bretons, il ne vous restera plus qu'à terminer votre balade par une visite au GAEC des Quatre Chemins, où l'on se fera un plaisir de vous faire découvrir de délicieux fromages, véritables fruits des prés. Cette exploitation familiale est une ferme de polyculture et d'élevage. Avec pour objectif d'exercer une activité respectueuse de l'environnement, le GAEC des Quatre Chemins est certifié en agriculture biologique, et met efficacement en pratique les principes du développement durable. Ainsi, le fourrage destiné aux vaches est produit sur les terres de la ferme, tout comme le bois qui alimente la chaudière, dont l'eau sert à la production des fromages. Actuellement aux Quatre Chemins, les exploitants associés sont cinq frères, sœurs et amis d'une trentaine d'années. Quentin Dubois et Guillaume Jourdain s'occupent des vaches et des cultures. Angeline et Elisa Dubois, avec Guillaume Auber, s'occupent des chèvres, de la transformation et de la commercialisation des fromages au lait cru et des glaces. La gamme complète des produits de la ferme est du genre irrésistible : fromages affinés de vache et de chèvre (crottins, bûches, pyramides), skyr, fromage blanc, sans oublier les glaces aux divers parfums (une vingtaine), dont certaines aux fleurs !

CONTACT

GAEC des Quatre Chemins

La Guennerais
35420 Mellé

www.fruit-des-pres.fr

02 99 98 03 01 – 07 89 44 49 03

fruitdespres-melle@laposte.net

INFOS PRATIQUES

Vente : Vendredi soir de 16 h à 19 h et samedi matin de 10 h à 12 h 30. Plusieurs événements culturels dont des marchés et concerts sont organisés sur la ferme avec l'association La ferme en champtée. Informations sur le site internet et les réseaux sociaux de la ferme (@fruitsdespres).

Visite : Visites possibles en réservant en amont.

Tomme Fruit des Prés

Parmi les fromages fabriqués aux Quatre Chemins, on trouve la tomme baptisée Fruit des Prés, première née de la ferme il y a de cela dix-huit ans. C'est une tomme au lait cru, affinée au moins deux mois. Pâte pressée non-cuite, avec une fine croûte grise que l'on doit au mucor, elle possède un caractère authentique et saura se démarquer sur un plateau de fromage.

Le GAEC propose également du fromage type Abondance, un fromage à pâte demi-cuite qui nécessite trois mois d'affinage minimum. Il est produit lorsque les vaches pâturent, c'est-à-dire de mars à octobre. Fromages frais au poivre ou aux herbes de saison et fromage blanc fermier se font quant à eux sur demande ; aussi, n'hésitez pas !

Enfin, vous trouverez à la vente du Ti'Pavez, fromage on ne peut plus breton aux algues, affiné à l'eau de mer. Ce dernier ne provient pas de la production de la ferme mais de celle de la ferme biologique du P'tit Bois, à Meillac.

© GAEC des Quatre Chemins

DÉGUSTATION

La tomme Fruit des Prés se déguste volontiers avec du vin rouge ou blanc selon vos préférences, mais aussi en apéritif avec un pommeau, cette boisson à base de cidre non fermenté. Sur du pain avec de la confiture de fruits rouges, dans des galettes de blé noir, dans des tartes, quiches et gratins… Les fromages du GAEC des Quatre Chemins s'invitent facilement dans toutes vos préparations ! Des idées recettes sont à retrouver sur le site de la ferme.

CIRCUIT PIERRES ET NATURE EN PAYS DE FOUGÈRES

FICHE TECHNIQUE

2h45
192 m
8,95 km
Facile
80 m
1316E

Ce circuit est balisé de 24 panneaux pédagogiques.

Départ : Place Saint-Martin devant « Le Mellouën ». Le GAEC des Quatre Chemins se situe au lieu-dit La Guennerais, en face du terrain de football, derrière l'église.

Passer par l'enclos paroissial derrière l'église. Traverser le jardin du presbytère pour découvrir la station écohabitat en face de l'église. Laisser l'église derrière soi pour descendre la route en direction de Louvigné-du-Désert, prendre à gauche la rue des Teillous puis suivre les panneaux. Prendre un chemin de terre à droite et continuer tout droit. Dominer l'ancienne carrière de granit de la Beurrière puis prendre à droite pour longer un champ.

Traverser la départementale un peu plus loin vers la droite, longer des champs jusqu'à La Hérissais. Contourner ce hameau par la droite. Rejoindre la zone humide Le Boulay. Remonter et traverser la D108 un peu plus loin vers la droite pour rejoindre le manoir de la Haute Vairie. Prendre le chemin à gauche pour le contourner. Entrer dans le bois qui abrite la Roche au Diable. Rejoindre La Martais par un chemin vers la droite. Après le Moulin de Mellé, continuer tout droit. Tourner à droite deux fois pour descendre au manoir des Bas Domaines. Revenir sur la route vers la gauche, prendre à droite vers La Haute Dorinais puis tourner à droite pour rejoindre le bourg.

Le sentier à l'entrée de la zone humide du Boulay © Claude et Marie-Claude Duval

Circuit proposé par le Pays Touristique de Fougères et la Maison Pierres & Nature. Pour les groupes, possibilité de s'inscrire afin de réaliser cet itinéraire accompagné d'un guide qui vous fera découvrir Mellé; la sortie se termine par une visite du GAEC des Quatre Chemins et une dégustation.
Renseignements, idées de séjours et de parcours: www.tourisme-fougeres.fr – 02 99 94 60 30

Possibilité de récupérer une carte du circuit à la Maison Pierre & Nature: 1 enclos paroissial, 35 420 Mellé
02 99 17 14 24

Auteur:
Le randonneur breton,
Visorando

LA BONNE IDÉE

Château du Bois-Guy: hôtel, restaurant gastronomique, golf.
Infos: 35 133 Parigné, www.bois-guy.fr – 02 99 97 34 60.
Le Clos du Meunier, ancien moulin à eau réhabilité en gîte de groupe à Mellé.
Moulin des Châteaux, 35 420 Mellé, www.leclosdumeunier.fr – 02 99 98 11 81.
Le mont Saint-Michel, situé à 45 min de Mellé.
Retrouvez les produits de la ferme au marché d'été (juillet-août) des producteurs et artisans locaux à Louvigné-du-Désert, dans les vergers de la Justais les mardis soir de 17 h 30 à 20 h, avec des animations musicales.

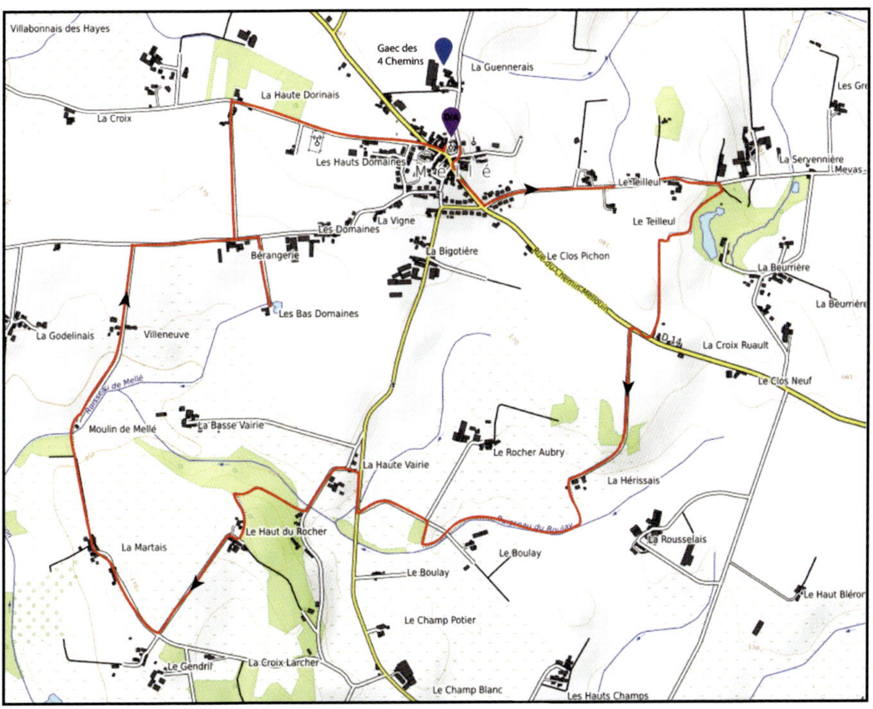

06 Ferme du Carré d'Ouailles

– Mayenne –

Vous avez dit des brebis en Mayenne ? Dans un département réputé pour avoir plus de vaches que d'habitants, Émeline et Stanislas Le Coq n'ont pas hésité à sortir des sentiers battus en s'installant avec un troupeau de quelque 160 brebis Lacaune dans les vallons du nord de la Mayenne en 2010, dans les hauteurs nord du département, à Chantrigné. Une raison supplémentaire pour leur rendre visite et partir à la découverte de ce verdoyant pays, qui fut aussi celui du légendaire chevalier Lancelot du Lac… Ici, il n'y en a que pour les brebis : elles ont à leur disposition 50 ha de prairies où pâturer paisiblement, dont une partie sert à la production de céréales et de foin (en bio) pour leur alimentation tout au long de l'année. Le nom de la ferme tire d'ailleurs son origine du vieux français où « ouaille » signifiait « brebis ».

Au détour de ces prairies, peut-être apercevrez-vous quelques vaches tachetées de rouge : ce sont les Rouge-des-Prés, la race locale qu'affectionne particulièrement Stanislas. L'activité de la ferme se règle sur le rythme des brebis et suit leur cycle de lactation naturel. Cette lactation diminue avec le raccourcissement des jours et, à la fin de l'été, elle baisse progressivement jusqu'à cesser complètement.

CONTACT

GAEC du Carré d'Ouailles

La Romelière
53300 Chantrigne

gaec.carredouailles@orange.fr

02 43 04 48 63

INFOS PRATIQUES

Vente : Venez déguster les produits à la ferme et assister à la traite des brebis le vendredi soir de 16 h à 19 h, d'avril à septembre.

Vous pouvez aussi les retrouver sur les marchés de Laval et de Mayenne le samedi matin ainsi que sur celui d'Évron le jeudi matin.

Les brebis sont alors prêtes pour la reproduction, et la lactation ne reprendra qu'après la mise bas des petits, c'est-à-dire en mars. Cela signifie que la fabrication des fromages peut recommencer ! C'est Émeline qui a développé les recettes des délicieux fromages que vous pourrez trouver à la ferme : tomme, brebidou, pti'ridé, fromage frais, fromage à tartiner, brousse, beurre et yaourts. Pour le plus grand bonheur des petits et grands gourmands !

Tomme de brebis fermière

La tomme de brebis est un fromage à pâte pressée non cuite. L'affinage dure au minimum deux mois. Une fois la traite terminée, le lait est transféré dans une grande cuve de cuivre, dans laquelle il se transformera en caillé sous l'action de la présure.

Ce caillé est tranché en petits morceaux, pas plus gros qu'un grain de blé ; vient alors le temps du brassage et du tranchage, pratiqués à la main. Cela permet au fromager de sentir l'évolution du grain. Les fromages sont mis en moule, pressés, retournés et salés dans une saumure, tandis que le petit-lait égoutté, qui reste très riche chez les brebis, servira à la fabrication d'autres produits : brousse, beurre…

Pour conserver votre tomme de brebis, laissez-la à l'air libre dans un endroit frais (environ 15°C) et idéalement humide, la tomme continuera de s'affiner tranquillement. À défaut, dans une boîte hermétique dans le bas du frigo pour éviter qu'elle ne s'assèche.

Affinage des tommes © Sylvain Frédéric

DÉGUSTATION

Douce et surprenante, la tomme de brebis se déguste avec un cidre local, un jus de pomme ou encore un pommeau de Normandie. Vous pourrez vous en procurer auprès de Josselin et Aurore Le Royer, dans leur musée du cidre à Melleray-la-Vallée. Après une visite retraçant la fabrication du cidre, les producteurs vous invitent à déguster leurs bons produits !
Contact : 02 43 04 03 26.

La tomme a aussi des affinités avec la confiture de cerise noire : faites dorer des tranches de pain rustique bien épaisses, tartinez-les de confiture et parsemez de copeaux de tomme, et le tour est joué ! Vous pouvez accompagner le tout d'une salade.

Claire Perrinel, qui travaille à la ferme, vous propose d'essayer les galettes de pomme de terre à la tomme de brebis, une recette facile et fort alléchante à retrouver en fin d'ouvrage.

Affinage des Pti'Ridés © Sylvain Frédéric

Les fameuses Rouge-des-Prés © Sylvain Frédéric

© Sylvain Frédéric

© Sylvain Frédéric

LANCELOT AU PAYS DE LASSAY

Ce circuit vous invite à mettre vos pas dans ceux de Lancelot du Lac, le plus célèbre des Chevaliers de la Table Ronde : pour ce personnage, Chrétien de Troyes se serait inspiré de l'ermite Saint Fraimbault (Frambaldus de Laceio, « le porteur de lance du lac ») qui vécut à Lassay.

FICHE TECHNIQUE

1 h 30 | 195 m
7 km | Facile
80 m | 1516SB

L'itinéraire est une boucle de 7 km, jalonnée de neuf étapes sonores et artistiques. Ce sentier permet de découvrir les trois châteaux : le château de Lassay, le château du Bois-Thibault et les ruines du château du Bois-Frou.

À ne pas manquer : À l'intérieur du château de Bois-Thibault, sur la Table Ronde, une bande dessinée retrace en 24 étapes l'histoire de Lancelot du Lac. Et dans la forêt, des sculptures vous réservent quelques surprises…

Pour y accéder depuis le GAEC du Carré d'Ouailles, prendre la D34 sur 5 km direction Lassay-les-Châteaux.

Départ : Place du 8 mai 1945, Lassay-les-Châteaux. Audioguides et informations sur le parcours à l'Office de Tourisme de Lassay : 02 43 04 74 33.

Localisation des différentes étapes :

1. « Château de Lassay » : à Lassay, Lancelot est chez lui…
2. « Chemin vers Bois-Thibault » : Lancelot, le meilleur chevalier du monde !
3. « Chemin de ronde de Bois-Thibault » : table sur l'histoire du château.
4. « Intérieur du Château de Bois-Thibault » : l'histoire de Lancelot en 24 épisodes (table ronde accessible d'avril à août le week-end).
5. « Bois » : quels sont les rapports entre Saint Fraimbault et Lancelot ?
6. « Forêt » : la traversée merveilleuse de la forêt.
7. « Château de Bois-Frou » : la quête de Lancelot n'a pas de fin.
8. « Jardin médiéval » : où l'on découvre que Lancelot a vécu avec Viviane.
9. « Roseraie » : Lancelot est aussi un amant courtois.

Château de Bois-Thibault © Frank Maddocks, Flickr

LA BONNE IDÉE

En juillet, **le festival d'arts de rue Les Entrelacés**, à Lassay-les-Châteaux.

Nuits insolites en yourte ou en tipi à la ferme, à 23 km de Lassay-les-Châteaux : *www.yourte-souslespoiriers.com, La Touche 61700 Domfront – 02 33 37 03 99.*

Lassay-les-Châteaux © Frank Maddocks, Flickr

Randonnée proposée par le Parc naturel régional Normandie-Maine.
Fiche rando : http://cdt53.media.tourinsoft.eu/upload/10x21-LassayDEF6.pdf

07 Fromagerie E. Graindorge

– Calvados –

En 1910, Eugène Graindorge, fermier dans sa ferme de la Pérelle, se met à transformer le lait de ses vaches en livarot blanc (sans affinage). Dans les années 20, il construit des caves et devient lui-même maître-affineur. Il collecte alors les livarots blancs de ses voisins pour les affiner et les revendre. En 1950, Bernard Graindorge, son fils, transforme la ferme de la Pérelle en une fromagerie artisanale. Au fil des ans, le pont-l'évêque, le camembert de Normandie et le neufchâtel rejoignent le livarot sur le plateau de fromages de l'exploitation. Il fabrique ses fromages, de la collecte de lait jusqu'à l'affinage. Plusieurs générations de salariés d'une même famille se succèdent dans les ateliers, les anciens transmettent leur pratique aux plus jeunes et la culture de l'entreprise se forge à travers une ambiance familiale.

Aujourd'hui, c'est Bruno Lefèvre qui en est à la tête. Issu lui-même d'une famille fromagère normande, il lui tient à cœur de poursuivre la belle histoire de la fromagerie E. Graindorge. Le Village Fromager vous propose une visite unique de la fromagerie E. Graindorge à travers un couloir vitré : le visiteur découvre les étapes de la fabrication du livarot et du pont-l'évêque AOP de Normandie. Une visite ludique et interactive rythmée par des films, des panneaux et des jeux.

CONTACT

Fromagerie E. Graindorge

42, rue du Général Leclerc
14140 Livarot

www.graindorge.fr

02 31 48 20 10

visite@graindorge.fr

INFOS PRATIQUES

Visite : Visite gratuite suivie d'une dégustation des quatre fromages AOP de Normandie, gratuite également.
Ouvert toute l'année.

Renseignements et horaires sur le site internet : www.graindorge.fr

Livarot AOP de Normandie

Le livarot est né à la fin du Moyen Âge. Les fermiers utilisaient la matière grasse du lait des vaches pour faire du beurre et le lait écrémé était transformé en fromage : le livarot. C'était donc un fromage maigre, riche en protéines, au goût marqué, qui se conservait de 4 à 6 mois. Le livarot prend ensuite le nom de la petite ville, située près de Lisieux, qui abritait un des plus gros marchés régionaux où se vendait ce fromage. Après avoir été baptisé « viande du pauvre », il est anobli et est surnommé « le Colonel » grâce aux 5 brins de jonc qui l'entourent et rappellent les 5 galons du gradé.

Caractéristiques : lait de vache normande, fromage à pâte molle à croûte lavée, croûte jaune orangé, légèrement humide, pâte blonde souple et fondante. Fromage de caractère à la saveur corsée avec une longueur en bouche, délicieuses notes florales et fumées.

© Patrice Valette

DÉGUSTATION

Livarot

Vins : montlouis moelleux blanc, sancerre blanc ou pauillac rouge.
Associations gourmandes : pain aux raisins, cidre AOP, calvados, thé vert du Japon, pruneaux.

Pont-l'Évêque

Vins : meursault blanc ou fronsac rouge.
Associations gourmandes : pain de seigle, cidre AOP, calvados, gelée de pomme.

Camembert de Normandie

Vins : châteauneuf-du-pape rouge, pinot noir d'Alsace ou chardonnay blanc.
Associations gourmandes : pain aux figues, cidre AOP, calvados, bière triple, truffe.

Neufchâtel

Vins : saint-nicolas-de-bourgeuil rouge, champagne blanc, chablis blanc.
Associations gourmandes : pain aux noix, cidre AOP, calvados, bière aux fruits rouge, fruits secs, caramel.

À LA DÉCOUVERTE DES FROMAGES DE NORMANDIE

Départ: Ferme de La Tuilerie.

Vous devez redescendre au Mesnil-Durand en empruntant la route qui vous a amené jusqu'à la ferme. Arrivé à hauteur de la D47, prendre à gauche (attention aux voitures en raison du peu de visibilité), passer devant l'église Saint-André, construite du XIIe au XVe siècle, puis au calvaire, prendre la petite route qui va vers la droite.

Arrivé à hauteur du cimetière, prendre à droite en direction de Saint-Martin-du-Mesnil-Oury pour rejoindre la coulée verte, reconversion de l'ancienne ligne de chemin de fer qui reliait Sainte-Gauburge (Orne) au Mesnil-Froger (Calvados).

Prendre à gauche en direction de Livarot. Mais avant, vous pouvez aussi faire un aller-retour jusqu'à l'église Saint-Martin de Saint-Martin-du-Mesnil-Oury, construite au XVIe siècle sur un point haut qui offre une très belle vue sur la vallée de la Vie et les paysages vallonnés du Pays d'Auge.

Durant cette seconde partie de la randonnée, vous longerez la Vie et vous passerez au milieu d'herbages dédiés à l'élevage des chevaux de course.

L'entrée dans Livarot se fait par le parc du manoir de l'Isle, que je vous invite à visiter, avant d'arriver au carrefour de la D4 (Saint-Pierre-sur-Dives/Orbec) et de la D579 (Lisieux/Vimoutiers).

FICHE TECHNIQUE

Durée	6h30	Altitude max.	161 m
Distance	19,35 km	Difficulté	Moyenne
Dénivelé	100 m	Carte	1713SB

Là, prendre la direction d'Orbec et remonter la rue Marcel-Gambier jusqu'au second carrefour, puis tourner à droite dans la rue du Général-Leclerc pour rejoindre la fromagerie E. Graindorge.

Au retour, remonter la rue du Général-Leclerc jusqu'à la Halle au Beurre, plaque tournante de la vente des livarots blancs à la fin du XIXe siècle. Prendre à gauche la rue Racine pour rejoindre la rue Foch. Prendre en direction de l'église Saint-Ouen et continuer cette route jusqu'à la sortie de la ville où il faut prendre à gauche, le long de la déviation puis à droite en direction de Sainte-Marguerite-des-Loges et d'Auquainville.

Passer la station de pompage et prendre le deuxième chemin ombragé sur la gauche, dit chemin de Livarot au Mesnil-Germain, juste avant le calvaire.

Passer deux croisements et au troisième, prendre la route sur la gauche puis le premier chemin à droite qui vous emmène jusqu'au lieu-dit Les Thomas.

Prendre la route en face en direction du Mesnil-Germain et dans la montée, prendre le premier chemin à gauche qui se termine par une petite route.

Arrivé à la D47b, prendre le chemin en face et à la fourche, tourner à gauche. À la seconde bifurcation, prendre encore à gauche et à la troisième, prendre à droite pour descendre vers le Douet du Moulin du Mesnil-Durand qu'il faut traverser à gué pour remonter en direction de la Rogerie où se trouve la ferme d'Esmeralda, second lieu à visiter.

Après cette pause, poursuivre sur ce chemin qui monte doucement jusqu'à une petite route. Tourner à droite puis à gauche au premier carrefour. La route débouche en face d'une belle propriété dite Les Forges Mézières.

Attention : vous arrivez à hauteur de la route à forte circulation (D579 reliant Livarot à Lisieux) à traverser avec prudence (bien regarder à droite puis à gauche avant de s'engager).

Avant de traverser, prendre à gauche et traverser pour prendre en face le chemin de la Forge qui vous emmènera après une petite descente suivie d'une légère montée jusqu'à la ferme de la Tuilerie.

Munissez-vous de la carte papier IGN 1713 SB. Elle vous sera plus utile qu'un GPS.

© Patrice Valette

LA BONNE IDÉE

À Livarot, **un circuit de visite** de trois quarts d'heure avec plusieurs panneaux historiques vous permettra de découvrir cette petite cité, plaque tournante du fromage qui porte son nom, devenue cité agro-industrielle au début du XXe siècle.

LES AUTRES EXPLOITATIONS

La Ferme d'Esmeralda

Créée en 2010 par Lucile Bernouis, cette ferme biologique produit différents fromages de chèvre, fabriqués à partir du lait d'un troupeau de chèvres poitevines, une race rustique et endurante qui produit un lait reconnu pour ses qualités fromagères. Les chèvres sont traites à la main et les fromages entièrement fabriqués à la main. Depuis 2015, Nicolas, son époux, a rejoint Lucile dans l'exploitation et produit du pain et du lait de vache biologiques. *Ouvert toute l'année. Vente à la ferme. Téléphone : 06 63 17 54 25.*

La Ferme de la Tuilerie

Exploitation tenue par la famille Julien. Jacqueline, Michel et leur fils, Mathieu, produisent du lait de vache de race normande, très appréciée pour ses qualités fromagères. Ce lait est destiné à la fromagerie E. Graindorge pour la production des fromages AOP Normandie (principalement livarot et pont-l'évêque) et des produits cidricoles biologiques. Ils vous accueilleront avec un verre de cidre ou de jus de pomme en fin d'après-midi vers 16 h pour les goûters (sur réservation) et à 16 h 30 pour la visite guidée. C'est là que la ferme se réveille, qu'ils nourrissent les veaux et traient les vaches.

Chemin de l'Église, La Tuilerie, 14140 Le Mesnil-Durand
www.fermedelatuilerie.hautetfort.com – jaja.julien@hotmail.fr
02 31 32 02 37 – 06 26 77 55 09

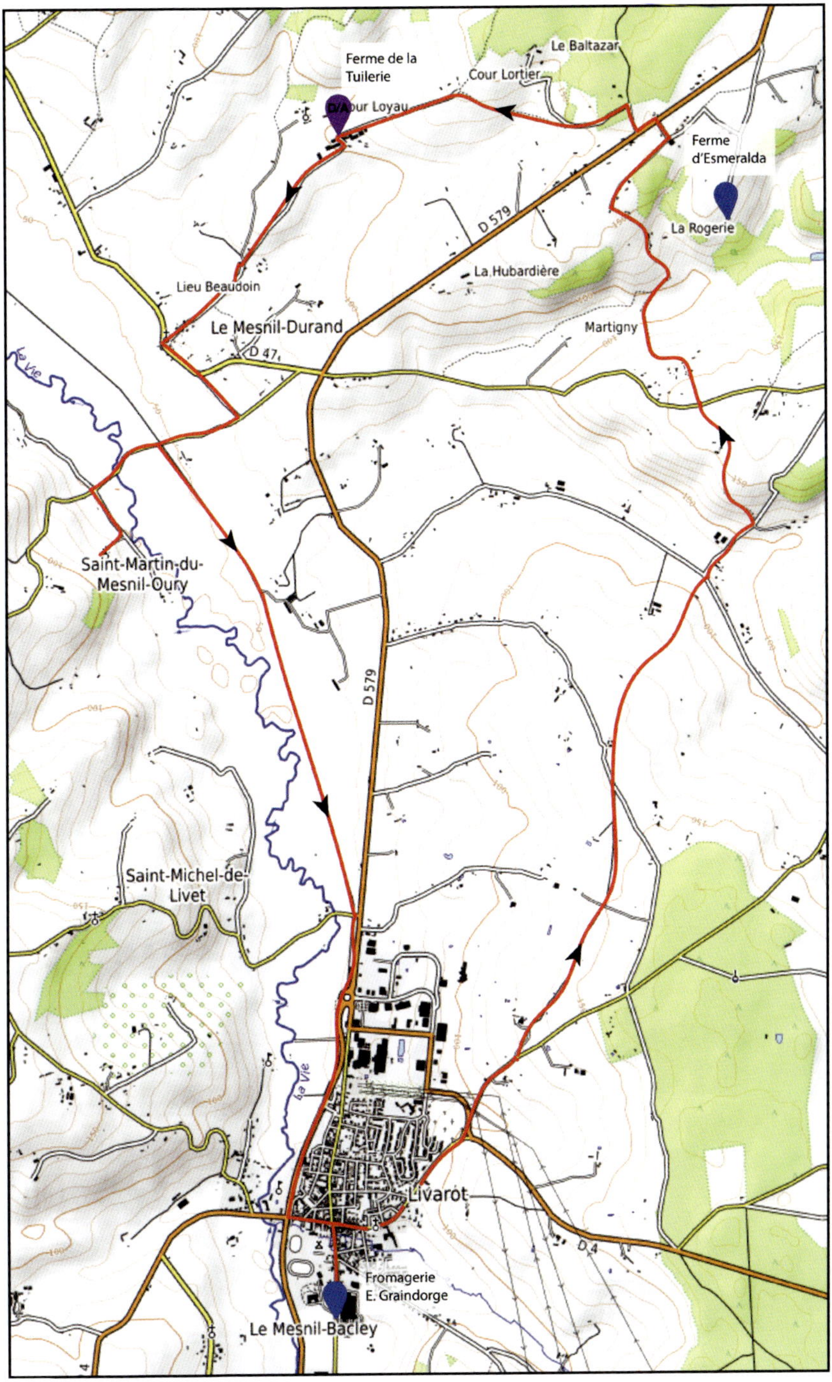
Ferme de la Tuilerie
D/A
Cour Loyau
Cour Lortier
Le Baltazar
Ferme d'Esmeralda
La Rogerie
D 579
La Hubardière
Lieu Beaudoin
Le Mesnil-Durand
D 47
Martigny
La Vie
Saint-Martin-du-Mesnil-Oury
D 579
Saint-Michel-de-Livet
Livarot
D 4
Fromagerie E. Graindorge
Le Mesnil-Bacley

08 Fromagerie d'Isa

– Pas-de-Calais –

La fromagerie d'Isa fait partie de l'EARL Leduc (la ferme du Wint), une entreprise familiale qui réunit la fromagerie et les vergers de Brunembert. Ils sont trois associés sur l'exploitation : Isabelle et ses deux frères, Nicolas et Mickaël. C'est Nicolas qui assure le soin et la traite des 35 vaches, et Isabelle qui transforme le lait et fabrique les fromages. La production est d'environ 230 000 litres de lait par an, dont une partie est transformée en fromages affinés (mimolette du Wint, tome du Wint, carré d'Isa, pavé du Wint et allou), et le reste sera utilisé pour fabriquer des fromages blancs et fromages frais aux herbes.

La ferme © Ferme du Wint

CONTACT

EARL Leduc

Rue du Wint
62 240 Brunembert

www.lafermeduwint.fr

03 21 32 30 67
06 52 21 64 96 – 06 34 71 67 34

INFOS PRATIQUES

Vente : La ferme est ouverte tous les jours de 9 h à 18 h 30, sauf dimanches et jours fériés.

Visite : Possibilité de faire des visites de groupe (minimum 15 personnes) sur réservation.

Le verger est le domaine de Mickaël, qui s'occupe des multiples variétés de pommiers présentes sur la ferme. Dans son atelier, il produit du cidre, du jus de pomme et rhubarbe, poire, framboise, cassis et mûre ; mais aussi du vinaigre et de l'eau-de-vie. La ferme est labellisée Agriculture Biologique depuis 1998 pour les vergers, et 2010 pour le reste de l'exploitation. Le circuit court est privilégié : les Leduc sillonnent le Pas-de-Calais pour livrer directement leurs produits, sans intermédiaires.

Mimolette du Wint

La mimolette du Wint, fabriquée par Isabelle, fait figure d'exception : en effet, en France, il n'y a actuellement que 2 ou 3 producteurs de mimolette fermière et bio. Pour obtenir sa couleur orange, on utilise un colorant naturel qui provient d'Amérique Centrale : le rocou, une baie dont les indiennes d'Amazonie se servaient pour se protéger la peau du soleil et des insectes. La mimolette est un fromage à pâte pressée et non cuite, fabriqué avec du lait entier de vache ; une boule de mimolette atteint les 3 kg environ. Elle se déguste à différents stades d'affinage : jeune en dessous de 6 mois, mi-vieille de 6 à 12 mois et vieille de 12 à 18 mois, et extra-vieille au-delà de 18 mois d'affinage.

DÉGUSTATION

Tous les fromages de la ferme du Wint sont évidemment à déguster avec du cidre provenant de ses vergers ! La mimolette se sert sur un plateau de fromage ou à l'apéritif, découpée en lamelles, et ajoute des notes de couleur dans les gratins ou quiches. Elle s'associe volontiers avec de la bière lorsqu'elle est jeune, et avec du vin doux lorsqu'elle est plus vieille (rivesaltes, porto).

La mimolette du Wint © Ferme du Wint

DE BOURNONVILLE À BRUNEMBERT

Départ: Parking en face du café de Bournonville, en bas de la rue de la Chapelle Sainte-Rita. Prendre la route en direction de Desvres.

Au premier croisement, tourner à gauche et suivre la D253 jusqu'au calvaire. Prendre à droite à l'embranchement. À l'embranchement suivant, quitter la départementale en continuant tout droit (sud). Suivre cette route étroite qui longe le ruisseau et monte vers la forêt.

Passer devant la ferme du Trou du Charme (à gauche), croiser un chemin (GRP sur la carte) et continuer tout droit (plein sud). En sortant de la forêt, prendre à droite à l'embranchement et emprunter un sentier de randonnée balisé.

Traverser le lieu-dit Le Mont Éventé et prendre à gauche au calvaire. Rejoindre la D215 en marchant tout droit.

À Menneville, prendre à gauche sur la D215. Au premier embranchement, prendre la petite rue qui monte à droite, vers Le Crocq. Dans le lieu-dit, prendre à gauche au seul embranchement avant de rejoindre à nouveau la D215 et de la prendre vers la droite.

Tourner ensuite à gauche à la prochaine petite rue, la suivre jusqu'à la D254. Au point de rencontre, prendre à droite et suivre la départementale jusqu'au prochain embranchement. Prendre la petite rue à gauche (ferme au coin).

Passer au-dessus de la Liane et prendre à gauche au prochain embranchement. Au croisement, prendre à droite le GRP du Boulonnais (balisage rouge et jaune). Continuer jusqu'au croisement avec la D253 (présence d'un calvaire).

Prendre la petite route à droite : tout au bout se trouve la ferme du Wint, avec la fromagerie d'Isa et les vergers. Pour terminer la boucle, revenir sur vos pas en suivant le GRP jusqu'à Bournonville.

FICHE TECHNIQUE

4h05	126 m
13 km	Facile
130 m	2104ET

La Côte d'Opale

LA BONNE IDÉE

Mi-septembre, c'est **la fête de la pomme à Brunembert** : artisans, animations, dégustations… À Desvres : **le Village des Métiers d'Art**, une pépinière d'artisans ouverte au public : visites, ateliers, animations. *Site internet : www.vmad.fr.*

La ferme est à 30 minutes de **Boulogne-sur-Mer** et de la **Côte d'Opale** : char à voile, riche patrimoine culturel, randonnées… ce ne sont pas les activités qui manquent ! La ferme étant en plein cœur du Parc naturel régional des Caps et Marais d'Opale, vous trouverez de nombreux itinéraires pour découvrir les différentes facettes de la région : *www.parc-opale.fr.*

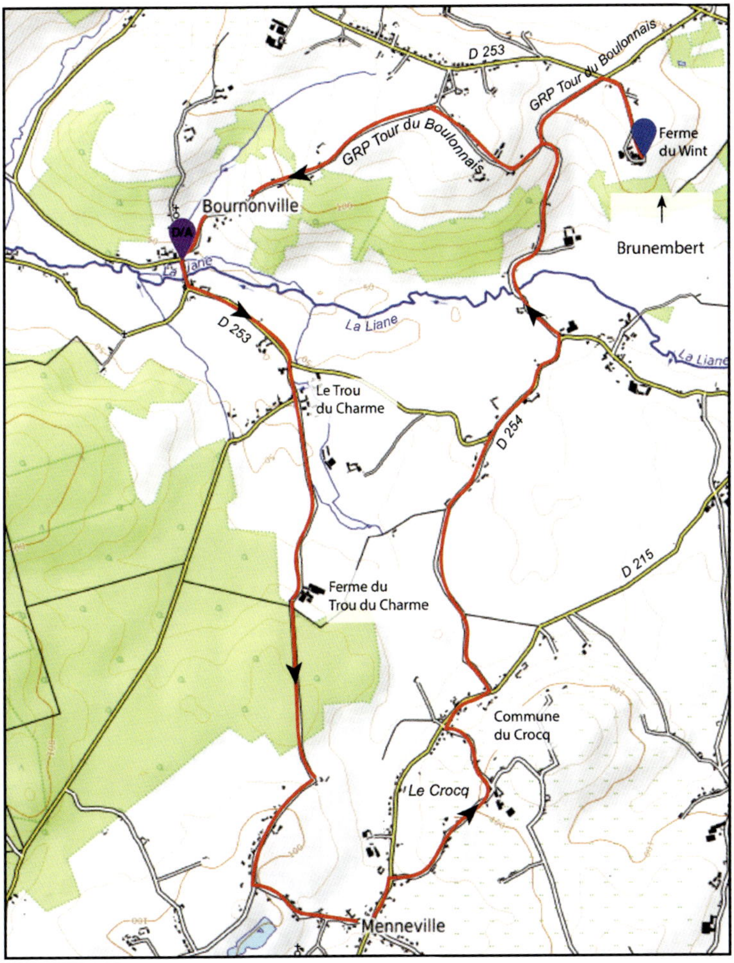

Auteur : Baltykatt, Visorando

09 Ferme de la Fontaine Orion

– Aisne –

Avant de vous arrêter dans la magnifique ferme de la Fontaine Orion, où l'on se fera un plaisir de vous faire découvrir les délices du maroilles fermier, prenez donc le temps de faire un petit crochet par le village de Sorbais, dans la quiétude du bocage verdoyant des vallées de l'Oise et du Lerzy. Balade bucolique et pédagogique, ce petit parcours, qui ne présente aucune difficulté, est idéal pour les familles. C'est en 1982 que Claire, son mari et son beau-frère reprennent la ferme de la Fontaine Orion. Ensemble, ils vont développer l'exploitation de manière autonome : les bâtiments d'élevage et la salle de traite sont bâtis et aménagés en autoconstruction ; le bois des kilomètres de haies qui protègent les prairies est utilisé pour le chauffage de la fromagerie et des habitations.

De plus, l'herbe abondante des prés du domaine permet, grâce au climat humide de la région, de nourrir les vaches toute l'année durant grâce à une valorisation optimale des pâturages. Avec les années, le troupeau a augmenté, et ce sont à présent quelque 180 vaches de race Kiwi (un croisement entre la Prim'Holstein, la Jersiaise et la Rouge norvégienne) qui se délectent de l'herbe des vertes prairies autour de la ferme, et qui fournissent ainsi un lait de grande qualité, à partir duquel sont concoctés les délicieux maroilles. En 2020, Claire a transmis son atelier de fabrication à Aurélie Halleux, sa nièce, qui s'occupe désormais de l'élaboration des fromages et de la gestion de l'exploitation : la pérennité du maroilles fermier de la Fontaine Orion est assurée !

CONTACT

Ferme de la Fontaine Orion

1 rue Hurtebise
02140 Haution

www.maroilles-claire-halleux.fr

03 23 98 22 50

contact@maroilles-claire-halleux.fr

INFOS PRATIQUES

Visite : Magasin à la ferme ouvert de 9 h à 12 h et 14 h à 18 h tous les jours sauf les dimanches et jours fériés et les samedis après-midi.

Du 1er novembre au 31 mars, ouverture de 10 h à 12 h et de 14 h à 17 h 30 tous les jours, sauf les dimanches, les jours fériés et les samedis après-midi.

Maroilles fermier AOP

Fruit des bocages de la Thiérache, territoire verdoyant proche de la Belgique, le maroilles est bien connu des amateurs de fromage. Facilement reconnaissable grâce à sa forme carrée et sa croûte rouge-orangé, c'est tout un éventail de subtils arômes qui se cachent derrière sa puissante odeur. Aurélie fabrique son fromage avec le lait de la traite du matin. Une fois le lait ensemencé et emprésuré, le caillé se forme en une heure environ. Il est ensuite travaillé en cuve, découpé et brassé avant d'être mis dans des moules carrés. Le lendemain, les futurs maroilles sont descendus en cave. Là, sous les voûtes de briques, les conditions hygrométriques sont idéales. Salés et séchés ; ils y resteront de 6 à 10 semaines, régulièrement retournés et brossés à l'eau salée. Une fois votre maroilles acquis, il faut le conserver dans un endroit frais (moins de 10°C), de préférence sous cloche ou dans une grande boîte hermétique, afin d'éviter qu'il ne se dessèche. Dans ces conditions, on peut facilement le garder 3 à 4 semaines.

DÉGUSTATION

Un vin tranquille de Champagne, type haute-marne rouge, saura se marier avec le caractère du fromage sans le supplanter. Le consommer avec une bière de la région ne sera pas une faute de goût, bien au contraire.

Avis aux gourmands: la ferme fabrique de la tarte au maroilles (qui s'accorde bien avec un coteaux-du-layon) et de la crème de maroilles, un bon moyen de varier les plaisirs.

Sur les chemins du bocage de Thiérache © Anne-Sophie Flamant

Claire brossant les maroilles © Anne-Sophie Flamant

LE BOCAGE DE THIÉRACHE À SORBAIS

FICHE TECHNIQUE

- 2h30
- 183 m
- 7,90 km
- Facile
- 61 m
- 2708ET

Parcours pédagogique (présence de panneaux tout au long du parcours) sur le thème de la chouette chevêche, à la découverte des vallées de l'Oise et du Lerzy.

Départ : Depuis la mairie du village de Sorbais (poteau avec un pictogramme de chouette chevêche). On peut en profiter pour admirer l'église fortifiée Saint-Martin. Prendre le pont qui enjambe le Lerzy, rejoindre la rue Jean-Fécelle pour la suivre sur 50 m environ. Prendre à gauche rue de la Louvière.

Prendre ensuite une petite route sur votre droite ; au transformateur situé sur la droite, possibilité de rejoindre le village par le chemin rural du Calvaire.

On peut cependant continuer la balade en poursuivant jusqu'à l'intersection suivante. Prendre alors à droite jusqu'au croisement suivant, puis remonter à gauche vers le hameau Saint-Pierre-Prez, avec son ancien moulin au toit mansardé. Longer les bâtiments agricoles, traverser le pont. Contourner le lieu-dit de la rue Maillard et descendre vers Sorbais pour rejoindre le point de départ.

Pour rejoindre la ferme de la Fontaine Orion à Haution (14 min en voiture), passer par Autreppes via la D31. Une fois à Autreppes, prendre à gauche rue d'Haution. Suivre la route sur 4 km environ, la ferme se situe sur la droite (petite route dans un virage).

Parcours proposé par l'office de tourisme de Vervins, (fiche rando à télécharger depuis le site internet), tiré du site www.randonner.fr.
D'autres idées de parcours sont à découvrir sur : https://www.tourisme-thierache.fr

La chouette et le bocage © B. Gouhoury

LA BONNE IDÉE

Certaines sont en briques, d'autres sont dotées de tours, de mâchicoulis, de donjons et de meurtrières… Il ne s'agit pas de maisons fortes, mais bien d'**églises fortifiées, ou Terascia,** une particularité de la Thiérache remontant au XIe siècle. Rien que dans l'Aisne, on en dénombre une soixantaine.

À proximité de la ferme, vous pourrez découvrir celles des villages de Vervins, Vervins-lès-Fontaines, Saint-Gobert, Marly-Gomont, Etréaupont…

Renseignements : www.tourisme-thierrache.fr

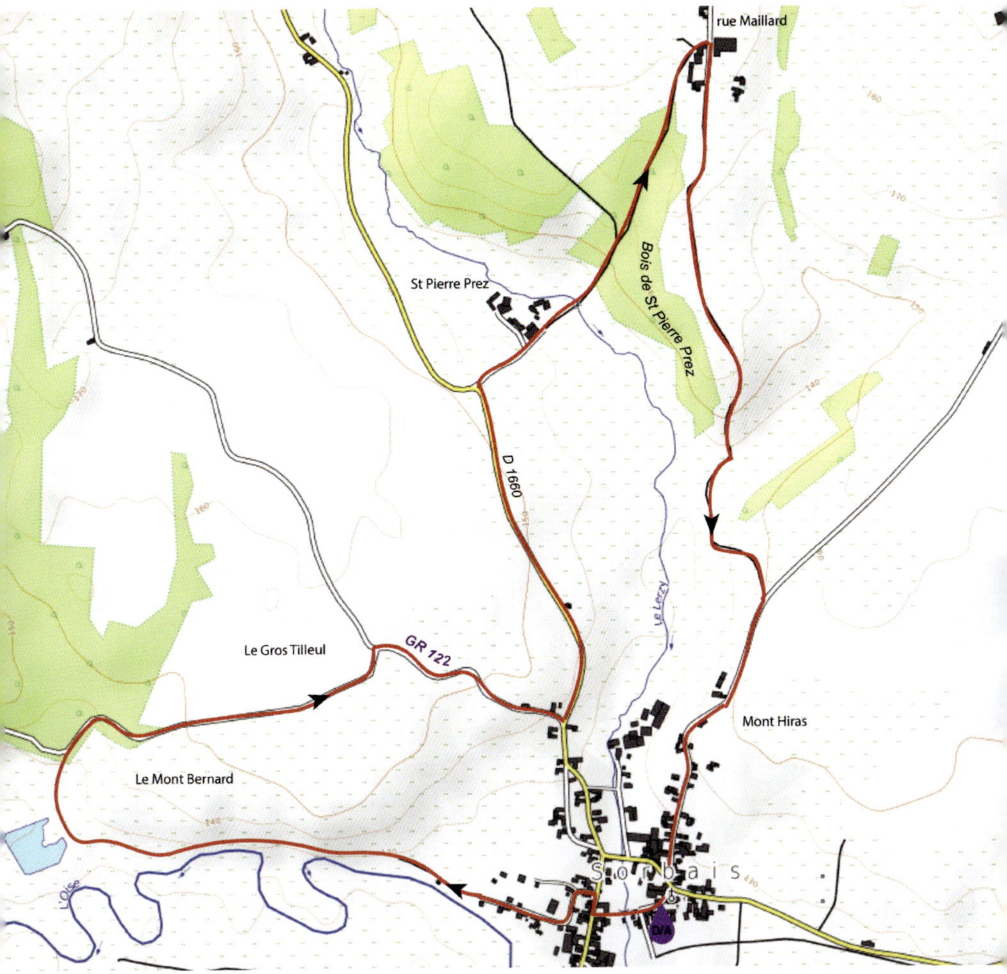

10 Ferme de Saint-Quentin

– Ardennes –

Lorsque Vanessa Ponsin a racheté la ferme de Saint-Quentin en 2012, l'exploitation était à l'abandon depuis 36 ans. Il est aujourd'hui difficile de déceler les traces de fortification du site d'origine qui date du XIIe siècle, et appartenait à la riche abbaye de l'ordre de Prémontrés des Sept-Fontaines (dans la Thiérache ardennaise). Mais cela n'arrête pas la dynamique jeune femme. C'est là, et nulle part ailleurs, qu'elle est déterminée à créer son élevage de brebis de race Lacaune, race originaire du sud-est du Massif central, et réputée pour sa production de lait (on lui doit le célèbre roquefort). Commencée avec une quarantaine de têtes en provenance de l'Aude, la bergerie compte maintenant 85 brebis, qui vivent en plein air, bien nourries avec l'herbe grasse des pâturages adjacents. Vanessa veut rester sur une petite exploitation, que ses 20 ha de terre lui permettent de gérer de façon autonome. En 2023, son fromage le Brebillousse a remporté une belle médaille d'argent au Concours général agricole. En plus de la fabrication de fromages, Vanessa propose une gamme de produits bien particuliers : après avoir découvert les propriétés hydratantes du lait de brebis (c'est le plus riche des laits, devant le lait d'ânesse), Vanessa a créé Vantône, une gamme de cosmétiques (crèmes pour les mains, pour le

CONTACT

Ferme de Saint-Quentin

Vanessa Ponsin
08350 Noyers-Pont-Maugis

www.gites-en-ardennes.fr
www.vantone.fr

06 31 57 73 60

ponsin.vanessa@gmail.com

INFOS PRATIQUES

Vente : Vanessa vend directement ses fromages et ses cosmétiques sur le marché de Sedan le samedi matin et sur les marchés paysans de Charleville-Mézières, Launois-sur-Vence, la Cassine, au drive fermier de Charleville-Mézières, à Sedan, ainsi qu'aux Saveurs d'Ardennes à la Francheville. Pour les déguster à la ferme, il est nécessaire de prendre rendez-vous (attention : il n'y a pas de réseau à la ferme de Saint-Quentin).

visage, ainsi qu'un lait pour le corps) qui contient 20 % de lait pur, de l'extrait de pépin de raisin et diverses huiles de la région Grand Est.

Calice et tomme des Ardennes

Vanessa produit aujourd'hui une douzaine de fromages différents, déclinés à partir de deux grandes familles. Il y a d'une part les calices au lait cru entier : on peut les choisir frais (entre 4 et 7 jours), affinés (entre 7 et 12 jours) ou secs (plus de 12 jours). Ils sont proposés « nature » ou aromatisés : échalote, ail et fines herbes, poivre, curry ou mexicain…

D'autre part, les tommes, au lait cru entier et à pâte pressée qui nécessitent un affinage de plus de 2 mois, la moniale d'Ardenne (nature ou aromatisée au safran des Ardennes), l'aumônier (à la cendre naturelle), la tommette laquette (à la bière à la myrtille de Haybes), la tomme au jambon sec IGP des Ardennes (Aux Saveurs d'Ardennes à la Francheville). Au frais, tous les fromages se conservent en moyenne trois semaines.

DÉGUSTATION

Aussi bien à l'apéritif, avec une bière des Ardennes, qu'en fin de repas en plateau sur un pain campagnard et un vin fruité. On peut les marier selon ses goûts avec du miel, de la confiture de saison…

LA MARFÉE, CHAUMONT

Cette belle randonnée, avec quelques variantes pour satisfaire les familles comme les groupes de niveaux hétérogènes, permet de découvrir les vallées de la Bar et de la Meuse en traversant les hauteurs de la Marfée chargées d'histoire. La halte à la ferme de Saint-Quentin sera l'occasion d'assister à la traite le matin, ou de déguster les spécialités de Vanessa après l'effort.

Accès: En voiture depuis Charleville-Mézières, la Meuse ou la Belgique, rejoindre Sedan. Depuis Sedan, prendre la direction de Vouziers par la route nationale 64. Au rond-point, prendre la D977. Passer par Frénois, puis, à la sortie de Cheveuges, tourner à gauche sur la D29 en direction de Bulson. La ferme de Saint-Quentin est à gauche au bout d'un chemin empierré (rouler doucement). Se garer dans la cour à l'emplacement réservé aux visiteurs.

Départ: Reprendre le chemin (**1**) à pied jusqu'à la route (600 m) et emprunter le sentier sur la droite (**2**) le long des miscanthus, puis longer la haie.

Après 660 m (**3**), laisser le chemin à droite et continuer tout droit dans le sous-bois. Aller toujours plein nord pendant 2,3 km. Le chemin est en mauvais état (ornières creusées par les 4x4...), il faut parfois marcher parallèlement au sentier. Mais le panorama vaut ce détour (**4**): la Bar serpente dans la vallée, avec Chéhéry sur la gauche, Cheveuges en bas, et Saint-Aignan au loin.

FICHE TECHNIQUE

3h30	330 m
12 km	Facile
50 m	3009SB

Les collines offrent des camaïeux de verts ou de jaunes selon les cultures et les saisons. Les forêts mixtes coiffent les crêtes pré-ardennaises: masses brunes en hiver, vert tendre au printemps, elles sont d'un vert profond en été, avant de prendre à l'automne des couleurs flamboyantes.

Revenir sur ses pas et prendre le chemin qui monte à gauche dans le bois de la Marfée, puis de nouveau à gauche (**5**) en direction de Noyers-Pont-Maugis.

En arrivant à la Haute Borne (**6**), le panorama est magnifique sur Sedan et la vallée de la Meuse. Les panneaux fournissent des explications historiques sur les batailles de la Marfée: 1640, 1870, 1914 et 1940. La présence de la nécropole française d'un côté et du cimetière militaire allemand de l'autre témoigne de l'importance stratégique du massif dans la défense de la frontière, et des combats qui s'y sont déroulés au fil des siècles.

Prendre ensuite le chemin entre les deux cimetières pour rejoindre le GR®14 (**7**) jusqu'à Chaumont en passant par le col de la Marfée (314 m) (**8**).

Autour de l'église du XIIe siècle (9), quelques maisons sont ornementées d'étranges inscriptions : « Aux gueules cassées », « Chez Maxim's », « Au bon accueil ». Elles datent de la drôle de guerre, où les troupes stationnées dans le village ont tué le temps avant l'offensive de mai 1940.

Quitter le village en direction du nord-ouest jusqu'au croisement Le Poirier/Le Prêtre (1,2 km) (10).

Prendre à gauche (sur 660 m) (3) puis de nouveau à gauche (2) le chemin qui mène à la ferme (1).

Variante 1 : Plusieurs raccourcis sont possibles. Rejoindre Noyers-Pont-Maugis sans passer par le bois de la Marfée, ou rejoindre la ferme de Saint-Quentin depuis Noyers-Pont-Maugis sans passer par Chaumont. En revanche, le retour à la ferme de Saint-Quentin depuis Chaumont par le Bois du Roi est fortement déconseillé sans une parfaite connaissance du territoire (les chemins indiqués sur les cartes IGN ne sont pas entretenus).

Variante 2 : 10 km, itinéraire bleu. Suivre 1, 2, 3, 10 puis 7, 6 et retour par 7, 8, 9, 10, puis 3, 2 et 1.

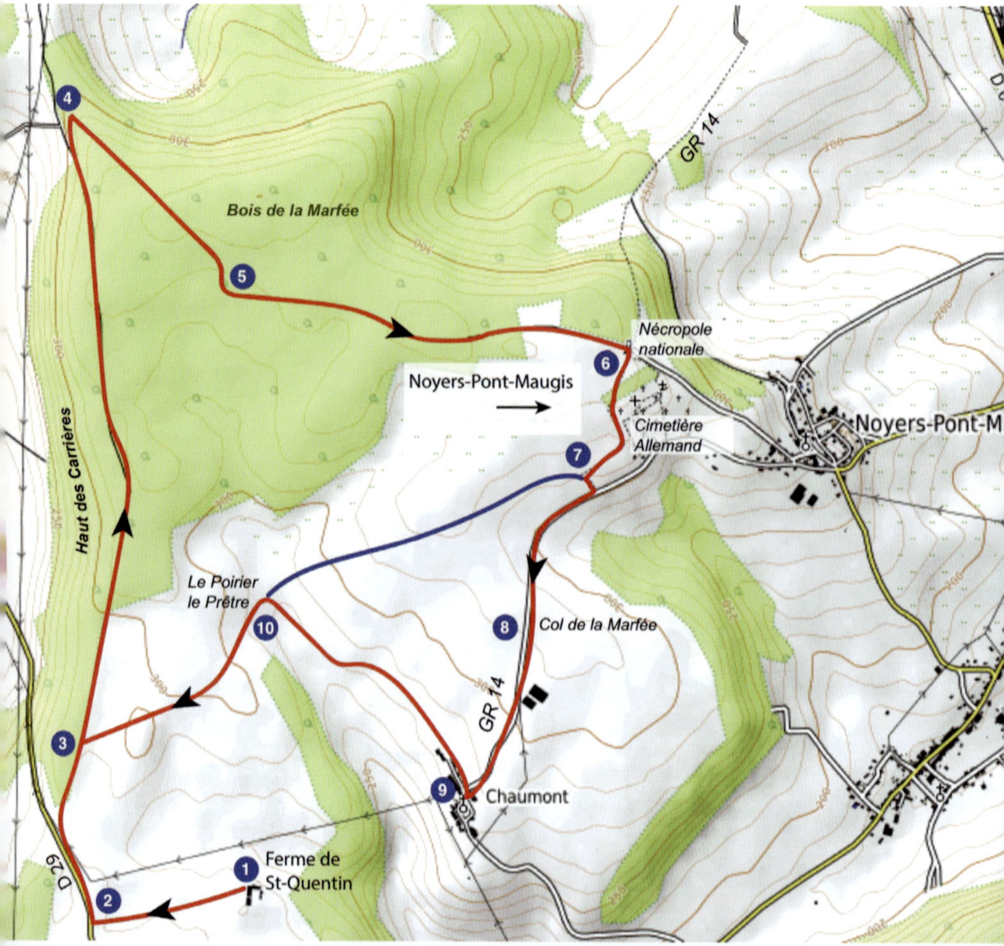
Bois de la Marfée
Haut des Carrières
GR 14
Nécropole nationale
Noyers-Pont-Maugis
Cimetière Allemand
Noyers-Pont-M
Le Poirier le Prêtre
Col de la Marfée
GR 14
Chaumont
Ferme de St-Quentin
D 29
1
2
3
4
5
6
7
8
9
10

LA BONNE IDÉE

Pour des groupes (à partir de 10 personnes), **une randonnée commentée** permettant de découvrir l'histoire naturelle (géologie, faune et flore) et l'histoire (principauté de Sedan, les batailles de la Marfée…) est possible avec **Patrimoines d'Ardennes**, ainsi qu'une visite interactive du site de la Marfée, « Destins de guerre ».

En option, fourniture du pique-nique constitué de produits locaux, dont bien sûr les fromages de la ferme de Saint-Quentin.

Renseignements : www.patrimoinesdardennes.fr
Texte : Vanessa Ponsin et Nathalie Piquart
Photographies : Nathalie Piquart

11 Ferme des Tourelles

– Aube –

Le GAEC des Tourelles est créé en 1978, lorsque Lionel Dosne et son père s'associent comme producteurs laitiers et reprennent l'exploitation familiale existant déjà depuis plus de quatre générations. Sa femme, Marie, travaille également à la ferme. Et c'est une histoire qui dure, puisque la fille de Lionel et Marie, ainsi que son mari, sont désormais eux aussi associés. La relève est assurée !

La ferme, située au cœur de la zone AOP Chaource, ne compte pas moins de 150 vaches laitières (et tout autant de génisses !), nourries sur les quelque 140 hectares exploités par le GAEC, qui fournissent pâtures et fourrages pour ces dames. Autonomie, méthodes traditionnelles et qualité, voilà des principes sur lesquels le GAEC des Tourelles ne transige pas. Outre le chaource, la ferme élabore d'autres produits tels que des fromages frais, des fromages blancs…

DÉGUSTATION

Le chaource se marie à merveille avec les vins de la région, comme le rosé des Riceys ou un vin blanc de Chablis. Il est aussi très bon à l'apéritif, découpé en cubes et accompagné d'un porto ou d'un champagne. Sans oublier le cidre du Pays d'Othe !

CONTACT

GAEC des Tourelles

Mesnil-Saint-Georges
10130 Ervy-le-Châtel

gaec-des-tourelles@outlook.fr

03 25 70 52 66

INFOS PRATIQUES

Vente : À la ferme lundi, mercredi et vendredi de 9h à 12h, le mardi et jeudi de 9h à 12h et de 13h30 à 16h, et samedi de 9h à 11h.

Visite : Pour venir visiter l'exploitation et voir les jolies tourelles dont elle tire son nom (visite de l'élevage et de la fromagerie) : sur rendez-vous au 03 25 70 52 66.

Chaource fermier AOP

Originaire du village éponyme, dans l'Aube, le chaource est un fromage ancien dont on trouve des mentions dès le XIVe siècle. Exclusivement fabriqué avec du lait de vache entier, c'est un fromage à pâte molle et croûte fleurie, lactique : c'est-à-dire qu'on l'obtient par un processus de coagulation biologique. Après avoir légèrement chauffé le lait, on y ajoute un coagulant naturel. Vient ensuite l'étape du moulage, fait de manière manuelle à la louche, mécaniquement, après que le caillé ait été tranché.

Pour favoriser l'égouttage de ce caillé, le fromage doit être retourné au moins une fois. Puis, après 48 h, il est démoulé et salé avant d'être mis sur claies. Il faut ensuite l'égoutter (c'est le ressuyage) de nouveau pendant 24 h, avant que l'affinage à proprement parler puisse commencer. Ce dernier est de 14 jours minimum. Au nez, le chaource dégage une légère odeur de champignons et de crème, c'est un fromage à la saveur douce, fruitée avec une touche de noisette, et une petite pointe d'acidité.

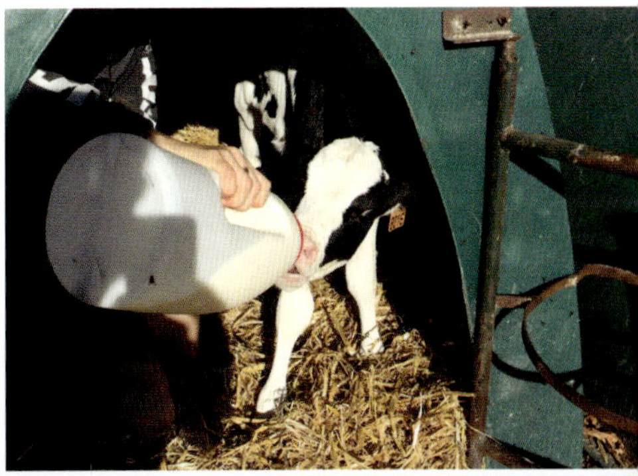

Les fameuses tourelles qui donnent leur nom à la ferme © Valérie Millet

CIRCUIT DES CHAUMES BLANCHES

FICHE TECHNIQUE

1 h 45 | 165 m
6,3 km | Facile
77 m | 2718SB

Cette petite boucle vous emmène à la découverte du village médiéval d'Ervy-le-Châtel, autrefois puissante place forte aux confins de la Champagne et de la Bourgogne. L'église Saint-Pierre-ès-Liens, qui date du XVe siècle, abrite de très beaux vitraux ainsi qu'une magnifique statuaire : ne passez pas à côté !

Départ : Depuis la halle d'Ervy-le-Châtel (beau bâtiment circulaire du XIXe), partir à gauche et prendre à droite au rond-point la rue Denfert-Rochereau.

Continuer sur l'avenue de la Gare. Face à l'ancienne gare (auberge), prendre à gauche un chemin forestier. Il atteint un château d'eau (point culminant).

Tourner à droite. Contourner le cimetière et prendre à droite à la fourche.

Poursuivre tout droit sur la route jusqu'au hameau des Ventes. Avant la première maison, prendre un chemin à gauche.

Au second croisement, se diriger à gauche vers une ferme, la dépasser et rester sur la piste principale menant à la D92, la traverser pour prendre peu après, sur la gauche, un chemin herbeux en lisière. Longer deux étangs.

Prendre la rue des Champs le long du mur de l'arboretum des pépinières Beugnon.

Tourner à gauche, puis filer toujours tout droit jusqu'à la halle. Le GAEC des Tourelles se trouve à 8 min en voiture, au nord d'Ervy-le-Châtel, via la route d'Ervy et la D22.

Parcours proposé par l'office de tourisme d'Ervy-le-Châtel. Descriptif téléchargeable sur le site : www.tourisme-othe-armance.com. Infos : 03 25 70 04 45.

LA BONNE IDÉE

Située à une dizaine de kilomètres du GAEC, **la ferme d'Hotte** produit du cidre, du jus de pomme, du vinaigre et nombreux autres produits, et possède un petit musée. Visites et dégustations possibles. *Site internet : www.lafermedhotte.com.*

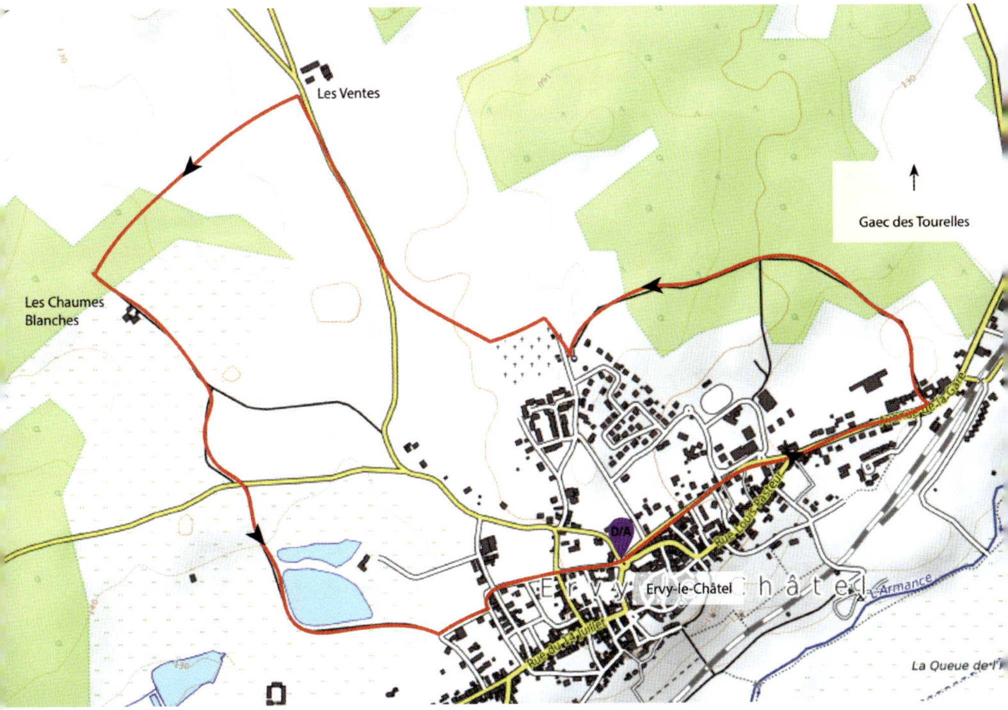

© Valérie Millet

12 Ferme d'Uzelle

– Doubs –

Non loin du massif du Jura, dans un écrin de verdure et de douces collines, Jérémy et Nuria vous accueillent dans leur belle ferme d'Uzelle où ils ont fait le choix d'exercer une agriculture paysanne et biologique. En plus de découvrir leur activité et leurs bons fromages fermiers au lait cru de chèvre et de vache, ils vous invitent à explorer les environs avec trois randonnées bucoliques à travers champs et à travers bois.

Jérémy et Nuria se sont installés en 2014 sur des terres laissées à l'abandon durant plusieurs années. Après un an de travaux pour bâtir leur outil de travail, ils ont accueilli les premiers habitants : chèvres, vaches, cochons et poules, qui rythment leurs journées. Tous ces animaux sont de race rustique, que Jérémy et Nuria ont à cœur de préserver. Avec pour volonté de pratiquer une agriculture biologique, paysanne, diversifiée et intégrée dans la vie locale, les bêtes sont élevées selon le cycle des saisons, et les petits sont laissés à leurs mères. Le lait de chèvre et de vache est transformé sur la ferme en fromages, yaourts, faisselles et fromages blancs.

CONTACT

Ferme d'Uzelle

Route de Soye
25340 Uzelle

www.fermeduzelle.fr

03 81 59 23 57

INFOS PRATIQUES

Visite et vente : La ferme est ouverte tous les samedis de 10h à 12h. Des visites guidées et goûters sont possibles pour des groupes et sur réservation. Depuis 2022, des soirées crêpes rythment la saison estivale !

Vous pouvez retrouver Jérémy et Nuria sur le marché d'Audincourt le vendredi de 9h à 15h, en livraison à Autechaux le lundi et à Clerval le mercredi.

Cabrottin et Saisonnier

Dans les nombreux délices qui sont produits à la ferme, Jérémy et Nuria vous proposent de découvrir deux de leurs fromages fermiers : le Cabrottin et le Saisonnier. Le premier est un fromage frais ou demi-frais, crémeux à souhait, au lait de chèvre poitevine. L'affinage dure d'un jour à un mois : on peut donc le déguster à différents stades de maturation, selon les goûts. Un frais se dégustera dans la semaine, salé ou sucré, et l'on appréciera sa texture souple et onctueuse ; alors qu'un sec pourra se garder plusieurs mois !

Le Saisonnier, quant à lui, est un fromage à pâte molle plus ou moins souple selon l'alimentation des vaches de races Abondance et Vosgienne. Ce facteur influe sur son goût qui, nécessairement, sera différent en fonction de la période de l'année : cela fait de lui un vrai saisonnier ! Il est affiné trois semaines en cave, où il développe une croûte blanche à bleu-gris et un léger goût de sous-bois, témoins de sa typicité. On le conserve dans un endroit frais et aéré.

DÉGUSTATION

Le Saisonnier du printemps ou de l'automne est fondant et moelleux : il n'attend plus qu'une bonne tranche de pain pour s'y étaler. En été, le fromage est plus ferme, et pourra être dégusté en salade avec des herbes, en tartines chaudes avec du miel et du thym, ou simplement avec du pain à la fin du repas.

© Ferme d'Uzelle

PARCOURS AUTOUR DE LA FERME

Jérémy et Nuria vous ont concocté 3 circuits faciles pour découvrir les environs de la ferme et les surprises qu'ils réservent.

La Source Bleue (2 km): Se garer à la ferme et prendre le chemin qui descend aux champs. Arrivé au premier croisement, continuer à gauche sur un chemin en herbes.

FICHE TECHNIQUE

40 min à 2h30

447 m

2 à 11 km

Facile

226 m

2708ET

Après 400 m, continuer tout droit vers la forêt, tourner à gauche pour descendre vers l'ancien moulin. Dans les bois, vous pourrez découvrir des jonquilles, des asperges des bois (un régal) ainsi que de l'ail des ours. Une fois au moulin, entrer dans la clairière, remonter sur la gauche: vous voici au-dessus de la Source Bleue. Profond d'une douzaine de mètres, ce trou aurait autrefois englouti une calèche et ses deux chevaux… Après un petit tour dans la clairière, on peut remonter à la ferme par la route départementale pour faire une boucle, ou rentrer par le même chemin.

La Vierge de Chouard (4,5 km): Depuis la ferme, remonter au village jusqu'à l'église. Passer la fontaine des Martinets, prendre à droite en direction de Cubry. Toujours à droite, prendre le chemin de Chouard (devant une croix). Après une petite montée goudronnée, on tombe sur un chemin de terre rouge, qui n'est pas sans rappeler les forêts du Languedoc.

À la place de retournement, continuer tout droit. Après 1 km, on débouche sur un point de vue donnant sur toute la vallée. La Vierge vous y attend avec ses gardiens: des animaux sculptés dans des troncs!

Les Roches de Nans (11 km): Même départ que pour la Source Bleue. Au croisement, prendre à droite, puis à droite encore à l'intersection suivante. Rejoindre la D116 par ce chemin, et la traverser pour suivre la D29. À l'embranchement avec la D114, prendre le chemin à droite le GR®59, balisage rouge et blanc. Le suivre jusqu'à Cubry. Vous apercevrez peu avant le village, dans les bois, une gloriette romaine. À Cubry, prenez le temps de descendre au village: des statues et sculptures rappellent l'occupation allemande. Retour par le même itinéraire.

LA BONNE IDÉE

Déguster des produits locaux toute l'année ? C'est possible au restaurant-hôtel **La Bonne Auberge**, à 12 min de la ferme. *Infos: 25340 Clerval, 03 81 97 81 01 – www.hotellabonneauberge.com*

Marché estival de Clerval tous les mercredis soir de juillet à août, avec repas et animations.

Lac de Bonnal à 10 minutes de la ferme (camping, cabanes dans les arbres et sur l'eau, lac avec baignade surveillée).

Envie d'une soirée pour rencontrer des gens, papoter, voir un spectacle ? À 5 min de la ferme, c'est possible ! *Rendez-vous sur le site: http://aplusdanslebus.net/.*

Bois de Châtel à Uzelle

13 Ferme du Port Aubry

– Nièvre –

Cette boucle très facile et toute plate, à la découverte de la Loire et du Sancerrois, vous mènera tout droit à la ferme du Port Aubry, où l'on a su faire du crottin de Chavignol une spécialité ! Vous pourrez venir assister à la traite des chèvres et rendre visite aux autres animaux (vaches écossaises, cheval de trait) et pourquoi pas séjourner à la ferme dans l'un des gîtes disponibles, afin de profiter pleinement de ce joli coin de Nièvre et de ses saveurs. Si elle existe officiellement depuis 1982, date des premières ventes de fromages sur les marchés de la ville de Cosne, l'histoire de la ferme du Port Aubry remonte en réalité aux années 1940, lorsqu'un certain Ernest Melet repéra ce domaine abandonné lors de sa mobilisation pour la guerre.

C'est Emmanuel, son petit-fils, qui reprend la location du domaine en 1976 et qui développe progressivement l'élevage de chèvres. Le nombre de chèvres augmente avec l'arrivée d'une associée, la ferme et la fromagerie se transforment et s'ouvrent au public lors de journées portes ouvertes… Aujourd'hui, les chèvres sont au nombre de 400, la ferme accueille quelque 70000 visiteurs par an et produit pas moins de 300000 crottins de Chavignol chaque année. Toute l'équipe de la ferme et les animaux vous attendent pour découvrir la vie à la ferme et déguster de bons produits !

CONTACT

Ferme du Port Aubry

M. et Mme Melet
M. Bernard Robin
58200 Cosne-sur-Loire

03 86 26 63 61

INFOS PRATIQUES

Vente : La ferme est ouverte toute l'année : du lundi au samedi de 9h à 12h et de 15h à 19h ; dimanche et jours fériés de 9h à 12h et de 16h à 18h. Fermé le 25 décembre et le 1er janvier.

Visite : La traite est visible tous les jours à partir de 15h30. Les animaux de la ferme sont à découvrir du lever au coucher du soleil.

Crottin de Chavignol AOP

La zone de production de ce petit fromage de chèvre comprend une grande partie du département du Cher et une partie de la Nièvre, plus exactement la Bourgogne Nivernaise, où se situe la ferme du Port Aubry.

Produit avec du lait de chèvres de race alpine, c'est un fromage à pâte molle non pressée et non cuite. Il s'apprécie à différents stades d'affinage, selon les goûts de chacun. Un crottin jeune (dix jours d'affinage minimum) sera plus doux et fondant ; avec le temps, son caractère s'affirme franchement et la texture devient plus ferme. On voit d'ailleurs fleurir à sa surface un penicillium blanc puis bleuté, témoin du stade d'affinage du fromage. Le meilleur moyen de savoir à quel moment de maturation vous le préférez, c'est encore de tous les goûter !

DÉGUSTATION

À déguster selon le stade d'affinage que vous préférez, accompagné d'un vin blanc de Sancerre ou Chavignol, ou encore de vins de Centre Loire type menetou-salon ou pouilly fumé, qui révéleront ses nuances subtiles.

Un aperçu plutôt alléchant de ce qui vous attend à la ferme ! © Marguerite Melet

BALADE EN BORD DE LOIRE

Départ: Se garer au pont du Port Aubry (viaduc de Port Aubry), ancien pont de chemin de fer (départ du Cyclorail du Sancerrois).

Balisage GR®3 rouge et blanc.

Prendre le chemin qui longe la Loire (balisage GR®3). Sur la gauche, dans le mur, on peut apercevoir une fontaine.

Continuer tout droit sur 2 km en direction de la chapelle Sainte-Brigitte.

Au pied de la chapelle, vous pourrez profiter d'un espace dégagé avec une vue exceptionnelle sur la Loire et la colline de Sancerre.

Avant de continuer sur le chemin en bord de Loire, n'hésitez pas à monter découvrir la chapelle Sainte-Brigitte.

FICHE TECHNIQUE

1 h 40 — 153 m

6 km — Facile

7 m — 2522SB

Poursuivre le chemin le long de la Loire puis prendre à droite pour longer la voie ferrée (chemin des Vignes Sainte-Brigitte) jusqu'au passage à niveau.

Traverser la voie ferrée et aller jusqu'au stop.

Au panneau, prendre à gauche puis suivre quelques mètres la route de Cosne-Cours-sur-Loire (attention, beaucoup de passage sur cette route).

La Loire © Maud Bontemps

Le viaduc vu du ciel © Pierre Demaillet

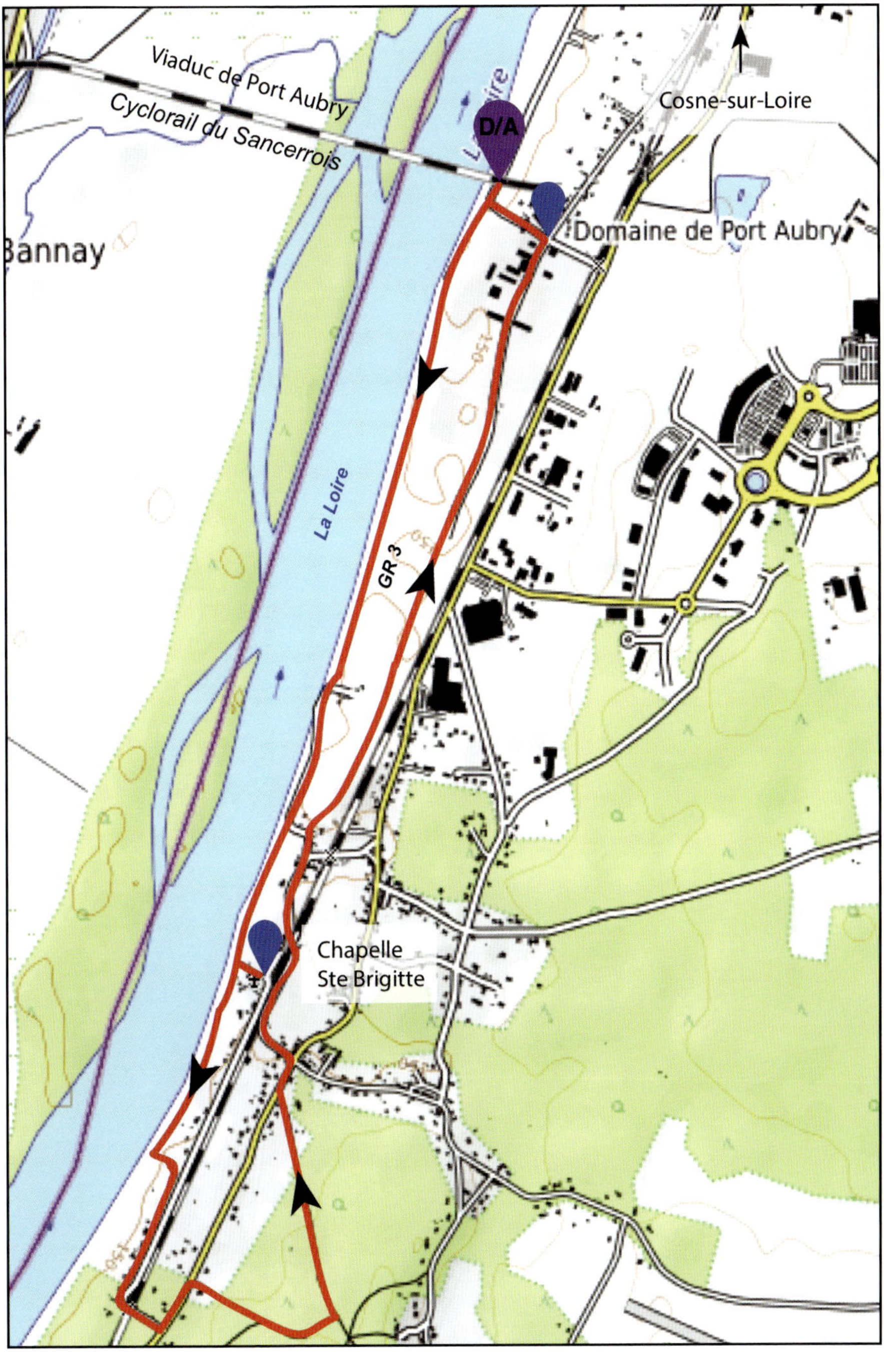
Viaduc de Port Aubry
Cyclorail du Sancerrois
D/A
Cosne-sur-Loire
Domaine de Port Aubry
Bannay
La Loire
GR 3
Chapelle
Ste Brigitte

LA BONNE IDÉE

La ferme possède plusieurs **gîtes ruraux**, afin de passer un séjour au plus près des animaux et au cœur de la campagne nivernaise. *Informations sur le site de la ferme : www.ferme-portaubry.fr/gites-nievre.html*

Il y a une épicerie sur le domaine, qui propose non seulement les fromages de la ferme, mais aussi de nombreux produits du terroir et du commerce équitable.

Une manière originale de découvrir la Loire : **le Cyclorail du Sancerrois**, qui part de Cosne-sur-Loire. *Infos : www.cyclorail.com*

Le viaduc de Port Aubry © JCPM, Flickr

Tourner ensuite à droite après le n°61 au niveau du poteau EDF (vous devriez apercevoir une pancarte « Vous entrez dans une zone placée sous la sauvegarde du public »).

Une fois dans les bois, à la première intersection, quitter le balisage du GR®3 en prenant à gauche jusqu'au cimetière.

Prendre la route à droite et au niveau de la croix, prendre la rue qui descend à gauche.

Après le pont, tourner à droite puis prendre le chemin sur la gauche juste avant la voie ferrée.

Le suivre jusqu'à la ferme du Port Aubry.

Quitter la ferme et, au carrefour, prendre à gauche la route qui descend jusqu'au parking de départ.

14 Ferme de Villars

– Allier –

La création de cette exploitation est le résultat de plusieurs passions et ambitions : travailler au rythme des saisons avec la nature, les animaux, être son « propre patron » et maîtriser l'intégralité de l'acte de production, depuis la fabrication du produit jusqu'à sa vente. Les chèvres sont élevées de manière traditionnelle : foin et céréales, et surtout, pâturage de mars à octobre. L'exploitation, située à proximité du panorama des Côtes Matras, a été créée en 2008, et les premiers fromages commercialisés en 2010, le temps d'adapter les bâtiments et de construire une fromagerie aux normes. Elle compte aujourd'hui 350 chèvres, qui produisent 280000 litres de lait, transformés en une gamme de huit fromages commercialisés à différents niveaux d'affinage. Quant au lait non transformé, il est vendu à la laiterie Rians.

La ferme de Villars fut attaquée durant la Seconde Guerre mondiale par les milices de Pétain, qui cherchaient à arrêter les résistants œuvrant contre l'ennemi nazi. Elle fut en partie brûlée, et des traces d'impacts de balles sont encore visibles sur les encadrements de certaines fenêtres. Une stèle a récemment été installée au bout du chemin d'accès par l'ANACR (Association Nationale des Anciens Combattants et amis de la Résistance) afin de témoigner de ce passé.

CONTACT

Ferme de Villars

Guillaume Potier
03210 Noyant-d'Allier

www.ferme-portaubry.fr

09 75 96 14 91 – 06 83 53 92 12

lafermedevillars@orange.fr

INFOS PRATIQUES

Vente : Les matins du lundi au samedi de 9h à 11h30 (en dehors de ces horaires, téléphonez avant de passer).

Visite : Suivant la disponibilité, accueil des groupes avec visite commentée et dégustation moyennant une petite participation.

Fromage de chèvre fermier

Clin d'œil au passé minier de son village d'adoption, Guillaume a souhaité créer un fromage atypique et lui donner les caractéristiques que lui-même affectionne le plus : onctuosité de la pâte permise par un moulage à la louche, puis un égouttage lent et un affinage maîtrisé qui confèrent à ce produit une large palette d'arômes.

Les fromages de Guillaume sont donc au lait cru entier de chèvre, ce sont des produits au caillé lactique qui possèdent une pâte molle et une croûte fleurie. L'affinage dure de cinq jours à cinq semaines, voire plus. Idéalement, on le consomme à une vingtaine de jours d'affinage, où il révèle ses arômes de noisette et laisse entrevoir le caractère boisé qu'il développera par la suite si on le laisse davantage « vieillir ».

DÉGUSTATION

Lorsqu'il est jeune, il se consomme à l'apéritif, coupé en dés, et pourquoi pas sur du pain en chèvre chaud avec du miel. Si vous préférez un fromage plus affiné (et par conséquent plus affirmé), accompagnez-le, en fin de repas, d'un vin de Saint-Pourçain, rouge ou blanc selon vos préférences.

Moulage des fromages à la louche © Claire Perrinel

BOUCLE DES CÔTES MATRAS

Départ : Depuis le village de Noyant, prendre la direction de Meillers. Après le passage à niveau, prendre le chemin goudronné à droite (vers Les Reiniauds-Les Velins), puis la première à gauche vers le Briera. Passer le hameau des Grands Champs, continuer à gauche, traverser la ferme de Thiolay et prendre le chemin tout droit.

Arrivé en vue de l'étang, prendre le chemin qui remonte à gauche 50 mètres avant l'étang. À 1 km environ, prendre à droite, puis à 300 m, prendre à gauche et remonter à la ferme des Jobinauds. Rejoindre la route goudronnée, prendre à gauche sur 500 m puis tourner à droite, sur le chemin qui monte jusqu'à l'intersection de la D136. La couper, et prendre à droite le chemin qui monte sur la route des Côtes Matras. Le suivre 1 km jusqu'au point de vue.

Sur un plateau, en début de descente, après un sapin isolé, prendre un chemin sur la gauche ; entrer dans les bois. Suivre le chemin sur 1 km qui se termine par un lacet. Prendre tout de suite à droite et traverser la ferme de la Maltaire.

En bas du chemin, prendre la route à droite, la suivre jusqu'à ce qu'elle devienne un chemin. Poursuivre jusqu'au pont de chemin de fer. Prendre à gauche le chemin des Quatre Vents. À l'embranchement, prendre le petit chemin herbeux sur la droite. À l'embranchement suivant, prendre cette fois à gauche. Au nouvel embranchement, prendre à droite le chemin qui monte, suivre sur 1 km jusqu'à la nationale.

Couper la nationale, prendre le chemin en face. Passer la rivière au lieu-dit Pierre Percée, suivre la route rencontrée à droite. Au carrefour avec une croix en bois, prendre à gauche vers le chemin du Pain. Au hameau, suivre le sentier redescendant à la route menant à Chatillon sur la gauche.

À Chatillon, reprendre la route vers Noyant, puis le premier petit chemin montant à droite. Pour aller à la ferme de Villars depuis le centre de Noyant : 5 min de voiture via la D18, la D136 et la D106.

FICHE TECHNIQUE

Durée	4h45	Altitude	470 m
Distance	17,5 km	Difficulté	Moyenne
Dénivelé	471 m	Carte	2527SB

Guillaume et ses chèvres © Claire Perrinel

LA BONNE IDÉE

Restaurant asiatique **Le Petit d'Asie** : un petit coin d'Asie au cœur du bocage bourbonnais.
Infos : www.lepetitdasie.fr, 04 70 47 21 31.

Le vélorail électrique du Bourbonnais, à Noyant, idéal pour découvrir la pagode asiatique ainsi que le patrimoine minier de la région : *www.velorailelectrique.fr, 06 82 71 42 65.*

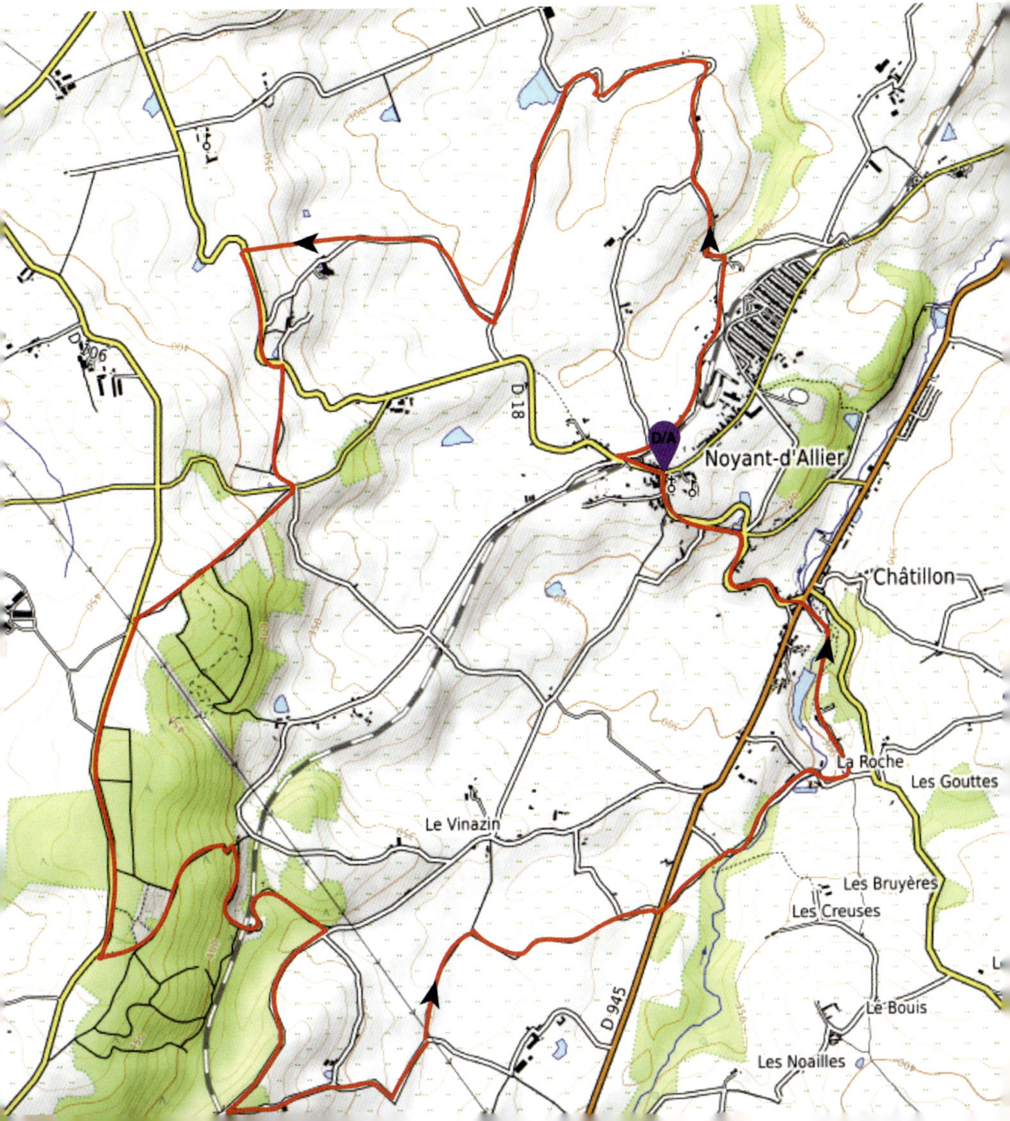

15 Ferme de Laisia

– Jura –

À 1200 mètres d'altitude, nichée dans une combe du Haut-Jura, la ferme de Laisia perpétue une tradition fromagère ancienne et pratiquement disparue de ces montagnes : la fabrication du chevret, un fromage jurassien seulement connu des locaux. Le très beau sentier des Chamois, qui passe par la combe de la Laisia, vous invite à faire un détour par la ferme. Cette longue randonnée pédagogique vous mènera de surprises en émerveillements, à la poursuite des époustouflants panoramas du Jura. À une dizaine de kilomètres de la Suisse, dans le Parc naturel régional du Haut-Jura, la ferme de Laisia produit toute l'année des fromages fermiers traditionnels, dans un chaudron en cuivre chauffé au feu de bois. Le lait provient de quinze vaches de race Villars de Lans, et sert à la fabrication de gruyère, raclette, tomme et chevret.

Au creux des reliefs des Hautes-Combes, les habitants de cette petite ferme à l'architecture typiquement jurassienne ont choisi d'exercer une agriculture biologique, tout en appliquant les principes de la biodynamie.

Pour pouvoir profiter pleinement des nombreux sentiers à parcourir et des nombreuses autres activités possibles dans les alentours (escalade, équitation, pêche, baignade…), la ferme propose un gîte pour quatre personnes dans l'ancien chalet d'estive. *Infos et réservation : www.accueilpaysan.com.*

CONTACT

Ferme de Laisia

François et Pascale Laperrière
Lieu-dit Bas de Laisia
39310 Les Molunes

03 84 41 65 18

INFOS PRATIQUES

Vente : Sur place tous les jours sauf le dimanche de 9h à 12h, et aux environs de 18h30. Vente au marché de Saint-Claude le samedi matin.

Visite : La ferme vous accueille sur rendez-vous pour pouvoir assister à la fabrication à partir de 9h ; réservation au 03 84 41 65 18.

Chevret du Jura

Le chevret est probablement l'un des plus anciens fromages du Haut-Jura, et un grand oublié. Pratiquement disparu après la Seconde Guerre mondiale, quelques fermes ont relancé sa production ; il reste cependant peu connu, d'autant qu'il supporte mal les transports, ce qui complique sa commercialisation. Si c'est bien un fromage au lait cru de vache, il était à l'origine au lait de chèvre, d'où son nom.

En forme de petite brique plate, c'est un fromage à pâte molle, au lait entier. Sa croûte est blanche et fleurie, et peut prendre une teinte orangée avec le temps. L'affinage se fait sur des planches en épicéa, et dure de 10 à 15 jours ; c'est un fromage à consommer rapidement.

DÉGUSTATION

Très crémeux, légèrement acidulé, il est parfait à tartiner sur de grandes tranches de pain, et facile à incorporer dans les plats. À déguster avec un vin blanc du Jura, qu'il soit doux (Floral) ou plus puissant (Tradition, assemblage de chardonnay et de savagnin).

Le chevret du Jura © Hugo Besrour

La ferme de Laisia © Ferme de Laisia

LE SENTIER DES CHAMOIS

Cette randonnée sportive est réservée aux marcheurs aguerris : une boucle de 16 km avec un dénivelé conséquent, ainsi que de bonnes montées, sont au programme. Ouvrez l'œil, faites-vous discret : peut-être apercevrez-vous quelques chamois…

FICHE TECHNIQUE

- 4h30
- 1 200 m
- 16,5 km
- Difficile
- 1 000 m
- 3327ET

C'est un sentier pédagogique, avec des bornes réparties tout au long du chemin (17 au total) : faune, flore, géologie, panoramas… Le but de ce dispositif étant de pouvoir se passer d'une carte topographique, vous aurez des informations quant à votre avancée sur le parcours à chaque borne rencontrée. Le sentier est divisible en trois boucles plus petites. Des brochures indiquant l'emplacement des bornes et donnant des informations sont disponibles à la mairie de Septmoncel.

Le départ se fait à Replan, au-dessus de Septmoncel (*coordonnées GPS : 46.3696-5.9037*), où vous trouverez la borne A. De là, il vous suffit de suivre le sentier et de vous laisser guider au gré des bornes réparties sur le chemin. Les difficultés majeures se situent entre le premier et le septième kilomètre : une longue descente technique entre les bornes B et E, qui peut être glissante en cas de pluie ; et une forte montée entre les bornes G et I. Prévoyez de bonnes chaussures ! La combe de la Laisia, où se trouve la ferme, se situe au niveau de la borne L, au kilomètre 10.

Il existe de nombreux chemins balisés dans les environs, dont le sentier des Diots, qui est aussi un parcours pédagogique avec des bornes, de difficulté moindre (11 km et 350 m de dénivelé). Vous trouverez le descriptif des sentiers des Chamois et des Diots sur www.saint-claude-haut-jura.com et sur www.septmoncel.fr.

Le sentier des Chamois © Jura Tourisme

LA BONNE IDÉE

Mieux qu'un séjour à la ferme, un séjour en yourte mongole à la ferme : c'est ce que vous propose **la ferme au Chapeau vert**, qui loue deux splendides yourtes aménagées avec du mobilier traditionnel. *Infos : www.yourte-gite-jura.com.*

À Lamoura, **le restaurant L'Anversis** : une table de montagne franc-comtoise garnie de produits locaux et bio, le tout arrosé de bon vin, de bière artisanale et d'absinthe, servie dans les formes. *Infos : L'Anversis, 239 rue de l'Anversis, La Combe du Lac, 39310 Lamoura, 03 84 41 20 91.*

Un peu de lecture avec **le beau livre de Paul-André Coumes**, *La montagne habitée*, aux éditions du Rouergue (2013), qui nous plonge dans le quotidien de la ferme de Laisia, le tout illustré de magnifiques photographies.

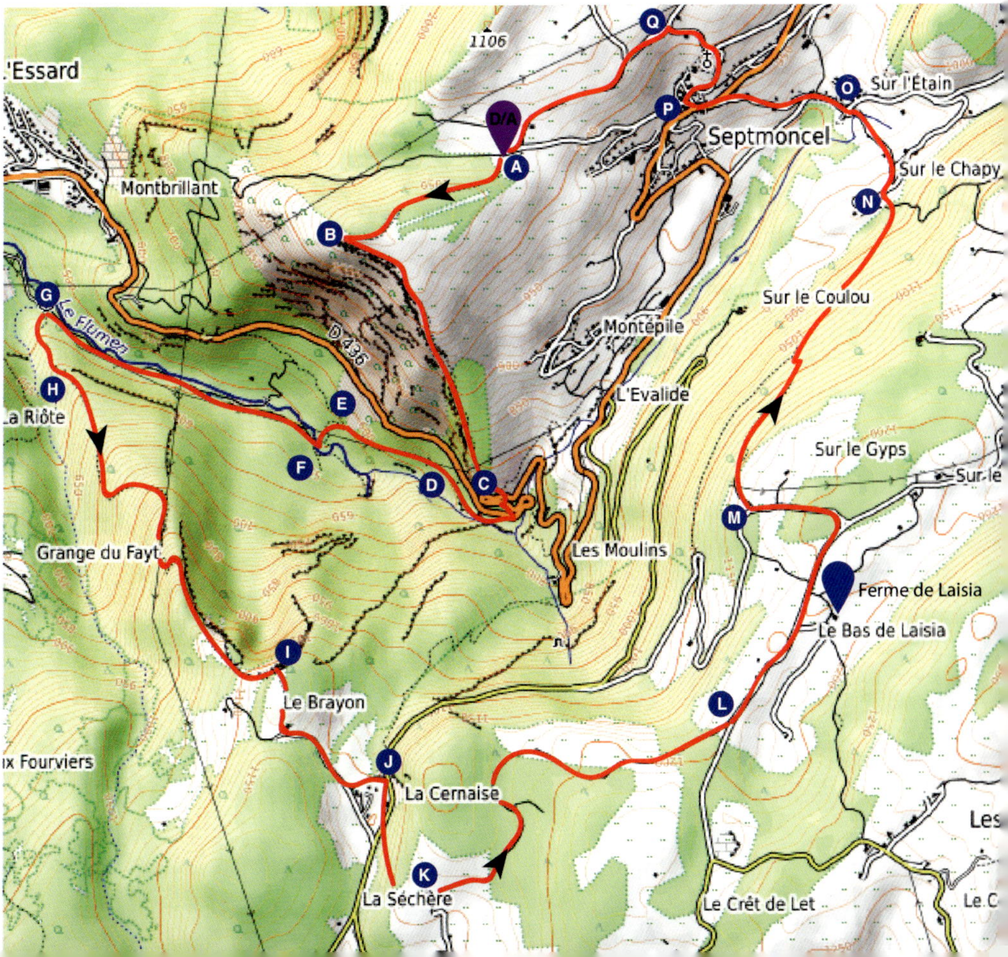

16 Ferme de Gobet

– Ain –

Les petites fermes et les vaches à cornes existent encore, la preuve : celle d'Éric et Frédérique, à 900 mètres d'altitude dans le Parc naturel régional du Haut-Jura, qui accueille 28 vaches de races Montbéliarde et Simmental dans une étable traditionnelle. L'hiver venu, elles se nourrissent de foin et de regain récoltés sur place, et les animaux sont principalement soignés de manière naturelle, à l'homéopathie et aux huiles essentielles. La totalité de leur lait est transformé sur l'exploitation en tomme, bleu, yaourt, fromage blanc et bien sûr, en morbier AOP ! Le tout au lait entier et cru.

La fromagerie utilise des outils traditionnels en bois, cuivre et toile, et les fromages sont tous salés à sec et frottés manuellement. En plus de leur activité paysanne, Éric et Frédérique vous accueillent hiver comme été en leur gîte (jusqu'à 11 personnes), à proximité de la ferme. Idéalement situés, vous pourrez explorer et profiter des beaux paysages qu'offre le Haut-Jura grâce aux nombreux chemins de randonnée du Parc, ou, si vous êtes fondus de glisse, parcourir les kilomètres de pistes de ski de fond du domaine nordique des Hautes-Combes durant l'hiver.

CONTACT

Ferme de Gobet

Frédérique et Éric Ananikian
77 rue de la Goguillon
Gobet - 01130 Belleydoux

www.gite-jura-ferme.com

04 74 76 48 59

lusali@orange.fr

INFOS PRATIQUES

Vente : À la ferme les mardis et vendredis de 17h30 à 19h, au magasin le Tram'Paysan à Châtillon-en-Michaille les vendredis et samedis, et dans les boutiques et coopératives des environs.

Morbier fermier AOP

Le morbier est directement lié au comté, c'est pourquoi on le trouve sur la même zone de production. Autrefois, les fermiers de Franche-Comté le gardaient pour leur consommation personnelle ; il était élaboré avec les fonds de cuve ayant servi à la fabrication du comté. Le temps d'ajouter un fond de cuve à l'autre pour obtenir un fromage entier, on recouvrait le premier demi-fromage de suie pour le préserver des insectes et le conserver : c'est ainsi que naquit le fromage à la raie noire. Celui d'Éric et Frédérique est unique, puisqu'ils sont les seuls à fabriquer du morbier dans le département de l'Ain.

Sa pâte est pressée et non cuite, elle va de l'ivoire au jaune franc et comporte des ouvertures ; sa croûte est de couleur rose, parfois orangée. C'est un fromage qui en impose : une meule complète pèse jusqu'à 8 kg. Affiné de deux à trois mois en cave, il a le temps de développer des arômes savoureux. La pâte est souple et fondante, le goût, franc et fruité.

DÉGUSTATION

Sur du bon pain ou même du pain d'épice, en raclette, morbiflette (la tartiflette version franc-comtoise) ou dans du risotto… Toutes les couleurs de vin sont admises, bien qu'un rouge de la région soit un choix judicieux : Arbois Pupillin rouge ou vin de Franche-Comté IGP.
Retrouvez des idées de recettes et des anecdotes sur www.fromage-morbier.com.

Au centre, le morbier, reconnaissable à sa raie noire © Frédérique Ananikian

LES ROCHES D'ORVAZ

Départ : Le départ de cette boucle se fait du chalet de Belleydoux. Le chemin est indiqué tout au long de la rando par des panneaux, et le balisage est jaune.

Descendre vers l'église par une petite route ; continuer et longer les deux cimetières. Traverser le ruisseau (le Chon), continuer sur une petite route qui mène à Gobet. Monter au hameau (c'est là que se trouve la ferme d'Éric et Frédérique) puis prendre à gauche.

À l'épingle, prendre le chemin agricole jusqu'à la route empierrée. Prendre à gauche pour monter dans la forêt et atteindre la Croix (panneau). Continuer à gauche jusqu'au Bugnon (panneau). Prendre le chemin à droite pour rejoindre le chemin du Facteur (panneau). Pour aller aux Roches d'Orvaz, cirque naturel fait d'imposantes falaises, suivre le sentier qui part à gauche (30 min A/R).

De retour sur le chemin, continuer en direction du sud. La descente se corse lorsque vous prendrez à gauche, au niveau d'une hêtraie. Au chemin du Soufflet (panneau), prendre à gauche pour atteindre le hameau d'Orvaz.

FICHE TECHNIQUE

- 3h10
- 1183 m
- 11 km
- Moyenne
- 577 m
- 3328OT

Au hameau, rester sur la route pendant 600 mètres. À la place à bois, traverser le pont Potard (panneau), monter, puis tourner à droite sur le sentier au bord de la Semine. Traverser le viaduc de Belleydoux. À gauche, prendre la petite route sous la D48. Arrivé à Bas Belleydoux (panneau), suivre la route qui traverse le village, à gauche. Dans le virage, prendre le sentier à droite. Au croisement, traverser la D48 et continuer sur le chemin en face, en direction du village.

Rendez-vous sur randonature.parc-haut-jura.fr pour d'autres idées de randonnées, ainsi qu'à l'office de tourisme de Nantua.

LA BONNE IDÉE

Au début du circuit à Belleydoux, dans l'ancien chalet de fromagerie, se trouve désormais **la brasserie artisanale Piva,** où l'on peut également déjeuner et dîner du vendredi soir au dimanche midi. *Infos : Brasserie artisanale Piva, 112 route de la Fauconnerie, 01130 Belleydoux, 06 18 73 36 45, https://www.facebook.com/brasserie.piva.*

Au début du mois d'octobre a lieu **le festival de musiques métissées Azimut** au village de La Pesse, à une dizaine de kilomètres de Belleydoux. *Infos : www.azimutfestival.com.*

À voir absolument : les empreintes de (très gros) dinosaures, véritable trésor paléontologique à Plagne. Rendez-vous à **Dinoplagne** pour une visite instructive et ludique. *Infos : www.dinoplagne.fr.*

Autres idées de sorties : le lac Genin, les étonnantes Marmites des Géants (de grandes vasques naturelles), les Glacières de Sylans (anciens bâtiments de stockage de glace), situées au bord du lac du même nom.

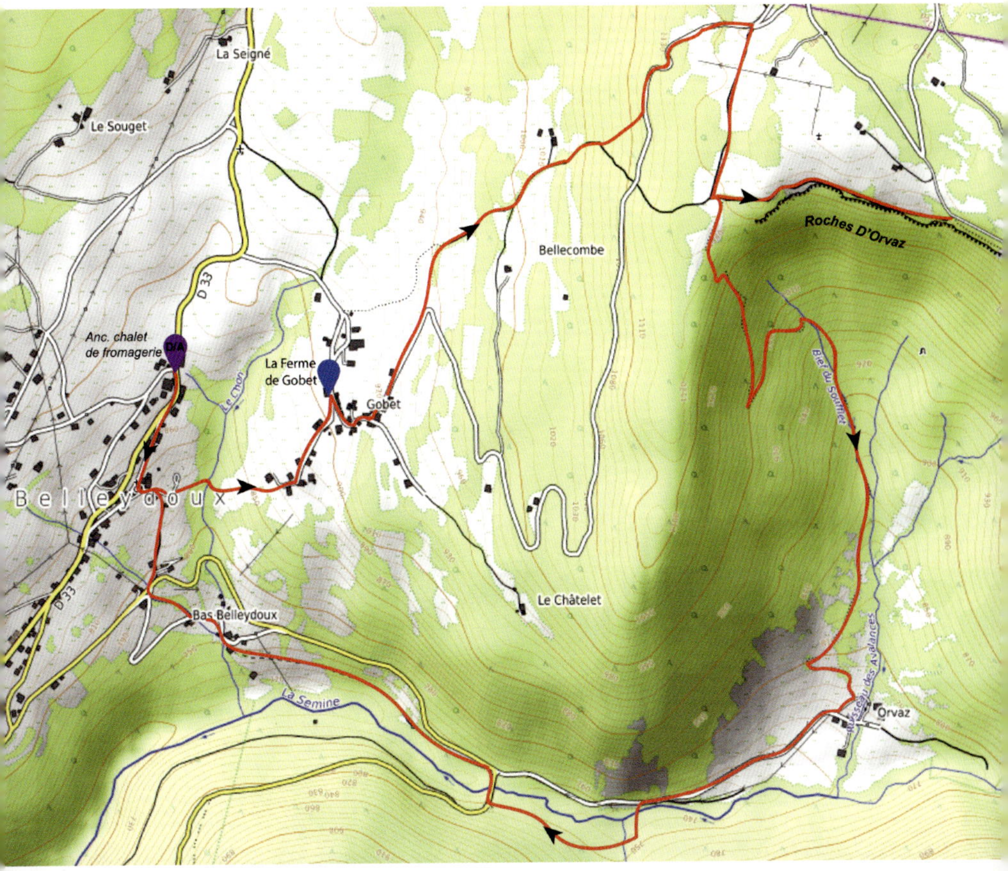

Les Roches d'Orvaz © Haut-Jura Tourisme

17 Ferme de Monsieur Seguin

– Savoie –

Comment ne pas succomber aux charmes du Beaufortin ? Ses tendres pâtures, ses sommets pittoresques, son incontournable… grataron ! Ce petit fromage de chèvre, pas plus gros qu'un camembert (environ 300 g), est l'autre produit phare de la vallée du Doron. Moins connu que son confrère et très apprécié beaufort, il mérite néanmoins tout autant que ce dernier sa place sur le devant de l'étal.

Le GAEC La Ferme de Monsieur Seguin en a fait sa spécialité, sous le nom de grataron d'Arêches. Gérée par Jean-Yves, Bérangère, Thierry et Gisèle, située à Arêches, la ferme compte plus de 150 chèvres chamoisées, qui passent leur été dans des alpages à 2000 m d'altitude. De janvier à septembre, la traite et la fabrication des fromages ont lieu deux fois par jour. À raison d'une production annuelle de 7 tonnes de fromage dont 5,5 tonnes de Grataron, la ferme fabrique aussi de la tomme de chèvre, de la raclette de chèvre (de Noël à Pâques), ainsi que du saucisson (de chèvre, vous l'aurez deviné).

CONTACT

GAEC La Ferme de Monsieur Seguin

La Serraz
73270 Arêches-Beaufort

06 35 56 25 75

INFOS PRATIQUES

Vente : Le magasin de la ferme de Monsieur Seguin se situe à La Serraz, à la sortie d'Arêches (direction Le Planay). Ouverture : de décembre à avril, le mardi et le vendredi de 16h30 à 18h ; de juillet à août, le mardi et le vendredi, de 17h30 à 19h. En intersaison, vous trouverez le contact téléphonique sur la porte du magasin.

Visite : Pour les visites à la ferme, se renseigner auprès de l'office de tourisme d'Arêches. Visite, dégustation et vente directe de juillet à septembre au Chalet du Lac.

Grataron d'Arêches

Pourtant issu d'une longue tradition, le grataron ne commence à se faire connaître en dehors du pays de Beaufort qu'à partir du milieu des années 60, lorsque les troupeaux de chèvres gagnent en importance et que les touristes se font curieux à propos de ce petit fromage. Jadis, avec seulement une ou deux chèvres par ferme, il était fabriqué pour la consommation personnelle : restreint au cercle familial, il n'était pas destiné à la commercialisation. Le grataron est un fromage au lait cru entier, à la pâte molle non pressée et non cuite. Il n'est pas lavé, c'est-à-dire qu'on laisse la croûte se former. Avec un affinage court de 15 jours dans une cave à 13°C, sa croûte est fine et sa pâte est lisse, moelleuse et souple.

C'est un fromage prêt à être consommé, qui ne nécessite pas de temps d'affinage supplémentaire. D'ailleurs, une fois acheté, il est préférable de le consommer rapidement (dans les 2-3 jours), ce qui se fait généralement sans trop de difficultés ni de prières. Il existe quatre autres producteurs de grataron dans le Beaufortain (on trouve par exemple le grataron d'Hauteluce). Ce qui en fait autant à découvrir : aspect, goût, texture, les variables étant multiples (température et durée de l'affinage, lieu de pâture des bêtes…), d'une ferme à l'autre, c'est un fromage différent !

DÉGUSTATION

Aussi bien à l'apéro avec un blanc de Savoie qu'à la fin du repas accompagné d'un vin rouge. On peut l'utiliser à la place du reblochon pour la tartiflette ou la croziflette ; il est également une excellente alternative au chèvre chaud. Doux pour un fromage de chèvre, il s'utilise assez facilement en cuisine de manière générale.

LE PAS DE L'ÂNE

FICHE TECHNIQUE

4h40 | 2371 m
7,2 km | Moyenne
810 m | 3432ET

En voiture: Depuis Albertville, rejoindre Arêches-Beaufort. Continuer jusqu'au Planay, puis suivre la direction de La Dray. Aller jusqu'au bout de la petite route étroite, qui se transforme en piste forestière. Prendre cette piste, et se garer à Plan Villard. Veiller à ne pas gêner le passage des autres usagers, notamment les engins agricoles.

500 mètres de dénivelé pour arriver jusqu'au chalet d'alpage, et encore environ 300 mètres du chalet jusqu'au Pas de l'Âne.

Départ: Une fois à Plan Villard, passé le chalet de la Tourne, prendre le chemin raide et balisé qui part sur la gauche. Un peu plus loin, il traverse une piste forestière. Rester sur la sente qui monte, toujours sur la gauche.

Le sentier rejoint ensuite de nouveau la piste, qu'il faut cette fois suivre pour arriver jusqu'au Chalet du Lac où se trouvent les chèvres de la Ferme de Monsieur Seguin. Tous les jours de juillet à septembre, vente directe des produits de la ferme (fromage, saucissons) et visites. Pas d'horaires fixes. Et si le fromage et le saucisson ne suffisaient pas, les tenanciers du « Bar des Enfants » se feront un plaisir de vous vendre des rafraîchissements et des crêpes, préparées avec les œufs des poules que vous verrez gambader à proximité des chèvres.

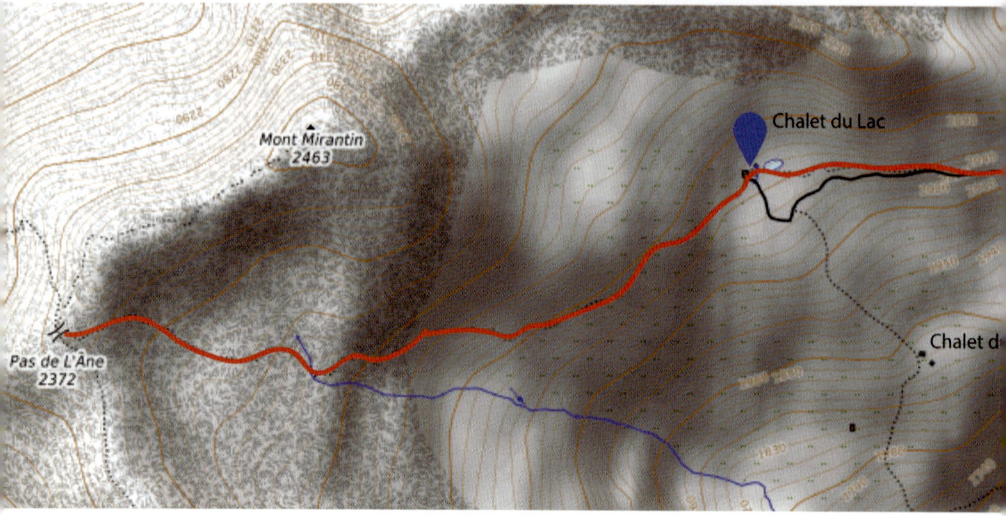

Depuis le Chalet du Lac, suivre le sentier balisé rouge et jaune jusqu'au Pas de l'Âne. Il ne vous reste plus qu'à profiter de la vue imprenable sur le mont Blanc ! Le retour se fait par le même itinéraire.

Pour les randonneurs ayant envie d'aller plus loin, les lacs du Clou et de Roche Plane offrent des variantes un peu plus difficiles à ce circuit classique qu'est le Pas de l'Âne. Et pour ceux qui n'ont pas froid aux yeux, le mont Mirantin n'attend que vous !

Si vous ne voulez décidément pas en rester là, sachez que le Beaufortain compte quelque 300 km de sentiers balisés…

Le Chalet du Lac © Jean-Yves Rochaix

LA BONNE IDÉE

Pour les groupes jusqu'à 25 personnes, **l'accompagnateur en moyenne montagne** Thierry Szalay, qui travaille main dans la main avec le GAEC, se fera un plaisir d'organiser votre sortie et de réserver un créneau de visite au Chalet du Lac spécialement pour vous.
Contact : 06 70 91 29 11 – thierry.szalay@orange.fr.

N'hésitez pas non plus à vous renseigner auprès du bureau des accompagnateurs en moyenne montagne du Beaufortain : *www.beaufortainrandonnee.com.*

18 Ferme de la Correrie

– Savoie –

Bienvenue au pays de la tome avec un seul m, le massif des Bauges ! Bien que l'origine de ce « m » solitaire ne soit pas tout à fait claire, il n'empêche que « tomme » et « tome » auraient probablement pour origine le mot « toma », signifiant en patois savoyard « fromage fabriqué dans les alpages » (précision donnée dans le cahier des charges de la Tome des Bauges). En tout cas, Sylvie et Philippe Ginollin vous attendent à leur ferme au hameau de la Correrie pour vous en dire plus sur ce fromage de tradition et ses origines ; après avoir gravi les monts Pelat et Morbié et admiré les splendeurs des paysages baujus.

Située au cœur du massif des Bauges, dans le hameau de la Correrie, cette ferme familiale compte 75 vaches laitières et pas moins d'une cinquantaine de chèvres. Philippe et Sylvie produisent 11 fromages différents : tomme, gruyère, vacherin… certains fromages sont même aux laits de vache et de chèvre mélangés. Les fromages sont affinés sur place, et il est possible de voir la cave et l'atelier de fabrication depuis le magasin.

CONTACT

Ferme de la Correrie

M. et Mme Ginollin
La Correrie
73340 Aillon-le-Jeune

04 79 54 64 70 ou
06 22 43 60 63

INFOS PRATIQUES

Visite : On peut visiter la ferme toute l'année de manière libre et gratuite le soir à partir de 17h30 (sauf le mercredi), au moment de la traite. Celle-ci a lieu dans l'étable de novembre à mai, puis en salle de traite mobile lorsque les vaches sont à l'alpage auquel on accède facilement à pied depuis la ferme. Les visites de groupes se font au cours de la journée, sur réservation et contre une participation.
Vente : Le magasin de vente est ouvert tous les jours (sauf le mercredi) de 9h30 à 12h30 et de 15h30 à 19h30, et le week-end de 9h30 à 12h30 et de 15h à 19h30.

Tome fermière des Bauges AOP

La tome des Bauges (avec un m) est la seule tomme de France à bénéficier d'une AOP, depuis 2001. Son goût est directement lié à celui du terroir : les vaches, des Tarines et des Abondances (des races savoyardes), pâturent dans les alpages du massif durant l'été ; et consomment du foin local l'hiver venu. Comme pour de nombreux fromages d'alpages, le goût de la tome varie selon les saisons. Au lait cru, sa pâte est pressée et non cuite, et sur sa croûte grise peuvent se développer des fleurs de couleur jaune, rouge rose ou blanche. L'affinage est de cinq semaines minimum dans une cave des Bauges. Pour la stocker, gardez-la dans son emballage au frigo, elle se conserve très bien (jusqu'à deux mois non entamée). On peut aussi se procurer un petit pochon de jute spécialement conçu pour elle, à retrouver dans les coopératives du massif des Bauges, au Syndicat de la Tome des Bauges et dans toutes les fermes qui produisent la tome.

DÉGUSTATION

Fromage de plateau bien sûr, la tome des Bauges se fait festive pour l'apéritif en brochette avec des pommes et des poires. On peut aussi la déguster au goûter sur du pain, avec du miel ou de la confiture… Elle aime être accompagnée d'un bon vin blanc de Savoie, une roussette par exemple. À essayer sans tarder : la matouille, un plat où la tome est cuite tout entière avec de l'ail et du vin blanc. À déguster avec des pommes de terre, de la charcuterie et de la salade. Bon appétit !

© Ferme de la Correrie

LES MONTS PELAT ET MORBIÉ

FICHE TECHNIQUE

4h30 | 1543 m
9,2 km | Moyenne
617 m | 3432OT

Départ : Depuis le hameau de la Correrie, juste après Aillon-le-Jeune (prendre la D32A), se garer à l'entrée du hameau ou devant l'église.

Traverser le hameau par la route. Passer devant la ferme de la Correrie. La D32B fait un lacet, prendre juste après la route qui monte à gauche. La suivre jusqu'au premier lacet. Prendre le chemin qui monte le long d'un ruisseau et tourne ensuite sur la droite.

Continuer sur ce chemin (GRP du Massif des Bauges), qui passe sous le télésiège des Rochettes. Cheminer pendant 3 km environ.

Le GR® mène à une intersection et à la cabane du Morbié juste en dessous du col de la Sciaz. Prendre le sentier de gauche qui monte au col, puis suivre à gauche encore le chemin des crêtes qui mène au mont Pelat puis au mont Morbié (1 542 m). Là, un magnifique panorama sur le massif vous attend, et peut-être verrez-vous quelques parapentes décoller.

Continuer sur le sentier des crêtes pour trouver à gauche un chemin qui descend et rejoint le GR® au bas du télésiège du Mont-Pelat, et reprendre le même chemin qu'à l'aller pour rentrer.

Randonnée de Bernard Roque

LA BONNE IDÉE

Après la balade, faites une halte à la **Chartreuse d'Aillon**, ancien monastère qui héberge aujourd'hui un musée sur le PNR des Bauges et vous invite à découvrir le territoire et son histoire. *Infos : 04 79 54 97 77.*

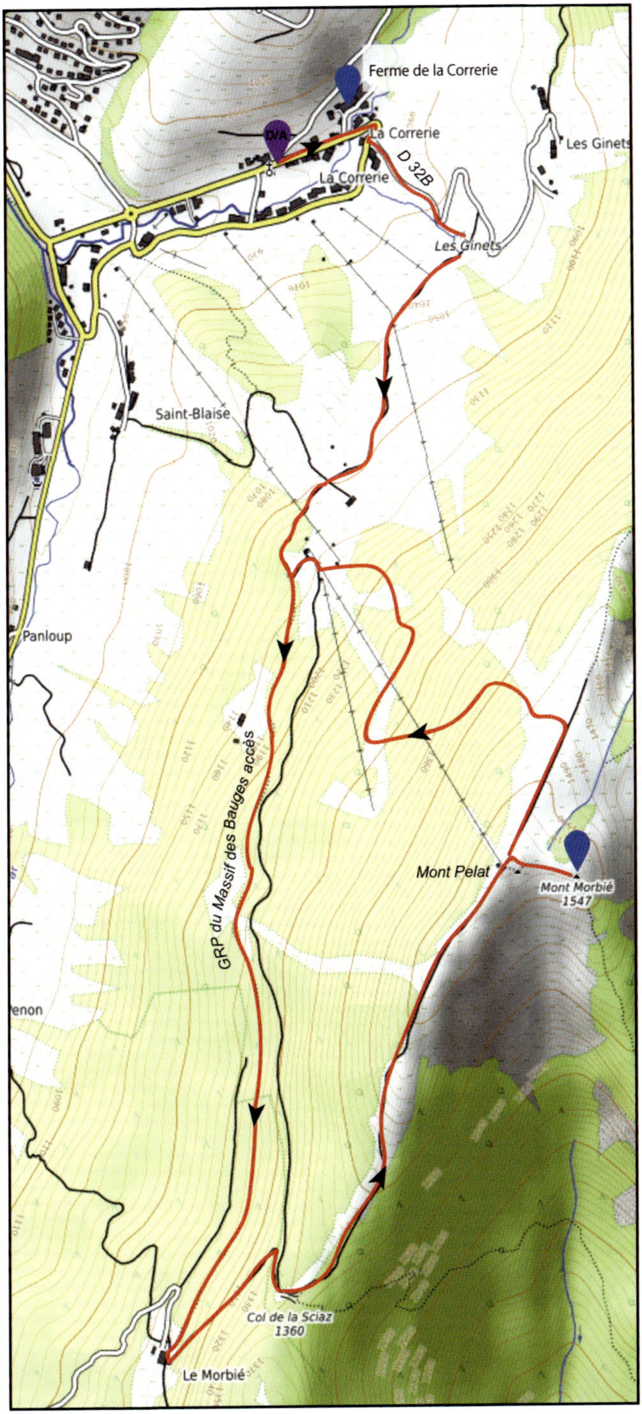
Ferme de la Correrie
D/A
La Correrie
La Correrie
D 32B
Les Ginets
Les Ginets
Saint-Blaise
Panloup
GRP du Massif des Bauges accès
Mont Pelat
Mont Morbié
1547
Col de la Sciaz
1360
Le Morbié

Le mont Pelat © Loïc Burhy, Flickr

19 Fromagerie du Charmant Som

– Isère –

Située au pied du sommet éponyme qui culmine à 1 867 m, la fromagerie du Charmant Som vous invite à pénétrer dans le Parc naturel régional de Chartreuse. Dans un cadre unique et facile d'accès, cette petite fromagerie historique fait aussi figure d'exception puisqu'il s'agit du dernier alpage en Isère où le fromage est fabriqué et vendu sur place. Il va sans dire qu'une ascension jusqu'au sommet du Charmant Som s'impose. C'est en 1992 qu'Olivier Bastien reprend la fromagerie et y mène ses vaches passer l'été. Ce chalet d'alpage niché au pied de la montagne fait entièrement partie du paysage, et pour cause : la fromagerie a été fondée plusieurs centaines de siècles auparavant, par les moines chartreux. Elle fait d'ailleurs toujours partie du domaine du monastère de la Grande Chartreuse situé plus au sud, sous le Grand Som (quatrième sommet le plus haut du massif de la Chartreuse). On y fabriquait alors du beurre et du fromage, que l'on descendait vendre aux villages de la vallée.

CONTACT

Fromagerie du Charmant Som

Olivier Bastien
38380 Saint-Pierre-de-Chartreuse

06 85 56 41 86

INFOS PRATIQUES

Vente : Ouverture de mi-juin à mi-octobre tous les jours, de 8 h à 20 h.

Visite : Une partie de la fabrication se fait dans la même pièce que la salle de vente, où un gros chaudron de cuivre pend à sa crémaillère. Il n'y a pas de visites formelles, n'hésitez cependant pas à poser des questions : on se fera un plaisir de vous expliquer la fabrication du fromage. Si vous êtes assez matinaux, vous trouverez peut-être Olivier en train de mouler les tommes ou de fabriquer le sérac, ce fromage fait à partir du petit-lait. La fromagerie produit également du fromage blanc, du coulis de framboise maison, ainsi que des yaourts au lait entier (nature ou aux fruits), et d'autres produits locaux.

Les vaches que vous verrez dans l'alpage sont des Tarines : une race rustique bien adaptée aux conditions climatiques de la région. Comme leurs cousines de race Abondance, leur lait entre dans la fabrication du beaufort ; elles passent d'ailleurs l'hiver en Tarentaise (Savoie), où Olivier produit ledit fromage.

Tomme du Charmant Som

La tomme d'Olivier est fabriquée une fois par jour, à raison de deux traites, une le matin et une le soir. L'affinage se fait sur une période minimum de cinq semaines, parfois plus. Elle est produite en deux formats : le format « tomme de Savoie », une petite meule transportable d'environ 1,8 kg, ou en meule de 5 kg, que l'on consomme à la coupe. Fromage au lait cru (qui n'a pas subi de traitement thermique au-dessus de 40°C), pâte pressée non cuite et croûte fleurie, on ne présente plus la tomme. Pourtant, il en existe de nombreuses variétés : celle du Charmant Som possède beaucoup de caractère. Un peu piquante, elle en surprendra plus d'un par la force de son goût.

Tout aussi délicieux, le sérac, produit à partir du petit-lait restant après la fabrication de la tomme, étonne quant à lui par sa douceur. Frais, fumé, au poivre : il serait dommage de passer à côté. Peu gras, riche en protéines, il s'incorpore très bien aux salades en été.

DÉGUSTATION

La tomme d'Olivier apporte une touche d'originalité dans les gratins, dans la salade, ou même en fondue pour ceux qui ne veulent que du fromage. Elle se prête même au jeu de l'aligot, cette purée habituellement préparée avec de la tomme fraîche (non affinée), spécialité de l'Aubrac, en Auvergne. Les recettes sont affichées à la fromagerie !

© Flore Cumin

Affinage des tommes dans la petite cave centenaire
© Flore Cumin

DE LA PINÉA JUSQU'AU CHARMANT SOM

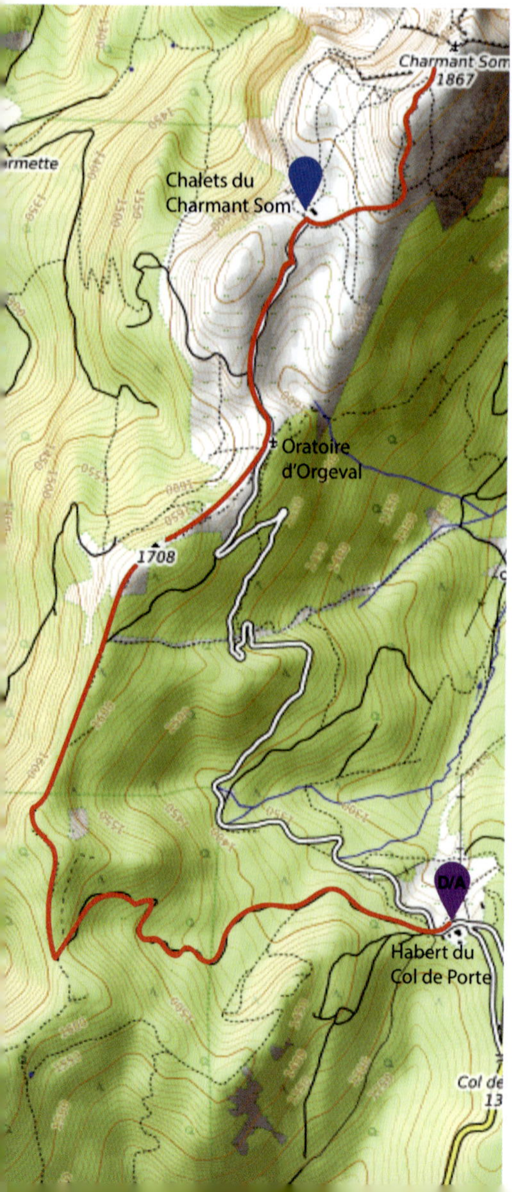

FICHE TECHNIQUE

4h30

1867 m

11,4 km

Moyenne

700 m

3334OT

Départ: Du Habert du col de Porte. Pour y accéder en voiture: depuis Grenoble, accès direct via la D512 en passant par La Tronche, Corenc, puis Le-Sappey-en-Chartreuse (30 min environ). Depuis Chambéry: le plus rapide est de suivre la D1006 puis la D520 puis D520B en passant par Saint-Laurent-du-Pont.

Une fois garé au Habert (prendre la petite route avec le panneau qui indique Charmant Som), prendre le sentier qui part sur la gauche en direction de la Pinéa et du Charmant Som.

Le sentier monte dans la forêt. À l'intersection suivante, suivre la direction du Charmant Som sur le sentier qui part à droite (toujours suivre la direction du GRP® Tour de Chartreuse). Au niveau d'un petit oratoire, le sentier rejoint la route d'été, qu'il faut suivre jusqu'aux chalets du Charmant Som.

Arrivé à l'auberge et à la fromagerie, reprenez le sentier qui monte jusqu'au sommet. De là, vue imprenable sur la Chartreuse et les massifs environnants: Vercors, Belledonne, Mont-Blanc...

Les chiens étant interdits sur l'alpage, mieux vaut laisser votre compagnon à la maison.

LA BONNE IDÉE

Le gîte Le Chant de l'Eau, au Sappey, en Chartreuse, vous propose une table garnie de produits locaux ainsi que de la cuisine régionale du pain jusqu'au vin, fromages du Charmant Som inclus. *Infos et réservations : 04 76 88 83 16 et sur www.gitechantdeleau.com (38 700 Le-Sappey-en-Chartreuse).*

Voisine directe de la fromagerie, **l'Auberge du Charmant Som** propose également une carte de spécialités régionales midi et soir. Ouverte de juin à septembre, réservation vivement conseillée. *Infos : 04 76 88 83 38 – www.aubergeducharmantsom.com.*

En plus des nombreux sentiers de randonnée, le massif de la Chartreuse est aussi riche d'un patrimoine construit exceptionnel : une virée **au fort du Saint-Eynard et au musée du Monastère de la Grande Chartreuse** ravira les amoureux des vieilles pierres. *Musée de la Grande Chartreuse (La Correrie) : 38380 Saint-Pierre-de-Chartreuse.*

L'église de Saint-Hugues de Chartreuse, aussi connue sous le nom de Musée d'art Sacré Contemporain, où l'on peut admirer les flamboyantes fresques du peintre isérois Arcabas. *Église de Saint-Hugues-de-Chartreuse 38380 Saint-Pierre-de-Chartreuse.*

Contemplation du pays voironnais et de la Chartreuse © Flore Cumin

20 Ferme de la Bourrière

– Isère –

Située non loin du village de Méaudre, la ferme de la Bourrière vous accueille toute l'année à 1 000 m d'altitude sur le plateau du Vercors, au sein du Parc naturel régional. Ici, c'est simple, le sentier part directement de la ferme. Cette petite boucle sportive et forestière vous fera prendre un peu de hauteur, avec une halte gastronomique possible à l'auberge du col de la Croix Perrin avant de redescendre à la Bourrière pour déguster le bleu de Stéphanie et Anthony, sans oublier de saluer les vaches ! Stéphanie et Anthony reprennent cette belle exploitation en 2016, et décident de continuer ce que l'ancien propriétaire avait commencé, à savoir la production de bleu de Sassenage-Vercors. Remis au goût du jour par ce dernier, le fromage en question avait plus ou moins disparu après la guerre. Redécouvert il y a peu, le bleu du Vercors est la plus petite AOP de France, avec un total de seulement neuf producteurs fermiers répartis dans les départements de l'Isère et de la Drôme.

Aujourd'hui, la ferme de la Bourrière est la première productrice de bleu du Vercors fermier, à raison de dix tonnes par an. Outre le bleu, Stéphanie et Anthony ont également repris l'IGP Saint-Marcellin. Profitez-en, il y a peu de producteurs fermiers pour cette petite tomme crémeuse iséroise.

CONTACT

EARL La Bourrière

Stéphanie et Anthony Glasson
La Bourrière (Méaudre)
38112 Autrans-Méaudre-en-Vercors

www.ferme-de-la-bourriere.fr

04 76 94 27 02

INFOS PRATIQUES

Visite: Sur demande, notamment pour les groupes. Il suffit d'appeler directement à la ferme. Compter environ 1h15 de visite, avec dégustation à la clé. Toutes les informations pratiques sont sur le site.

Vente: Haute saison (du 20/12 au 10/03 et du 10/07 au 31/08): ouverture tous les jours de 9h à 11h et de 17h à 19h (fermé le dimanche matin et jours fériés). Basse saison (du 01/09 au 19/12 et du 11/03 au 09/07): tous les matins de 9h à 11h (sauf le dimanche matin et jours fériés) le mercredi, vendredi, samedi et dimanche après-midi de 17h à 19h.

Bleu du Vercors-Sassenage AOP

Le bleu est un fromage à pâte persillée, non pressée, au lait cru de vache. Sa fabrication est assez exigeante : pour obtenir le persillé, on ajoute au lait du penicillium, en plus des ferments lactiques. On laisse reposer, avant d'effectuer le décaillage, qui ne doit pas être trop fin, sous peine d'avoir un fromage trop sec. Viennent ensuite les étapes du brassage, de la mise en moule, sans oublier de retourner le tout plusieurs fois au cours de la matinée pour éviter que la pâte ne se tasse au fond du moule. L'affinage peut alors commencer ! Le bleu du Vercors se distingue des autres bleus par sa douceur, bien appréciée des cuisiniers. Onctueux à souhait, il s'incorpore facilement dans de nombreux plats, sauces et même desserts.

La ferme de la Bourrière vous propose aussi de nombreux autres produits tout aussi alléchants : l'indispensable fromage à raclette fermier, le Servagnet (sorte d'emmental local), de la brique bien crémeuse, de la tomme, de la confiture de lait…

DÉGUSTATION

Grâce à sa douceur et son onctuosité caractéristiques, le bleu va vite devenir votre botte secrète pour accompagner vos plats. Il se marie très bien avec les pommes de terre, en gratin ou en raclette ; ou encore dans une tarte au potimarron. En version estivale, on le coupe en dés dans une salade d'endives, pommes et noix. Tel quel, il se déguste accompagné d'un vin blanc doux, type muscat de Beaumes-de-Venise.

Affinage des bleus © Agence Layeux

BOUCLE DES CRÊTES DE SERVAGNET

FICHE TECHNIQUE

- 2h05
- 1 258 m
- 5,7 km
- Moyenne
- 335 m
- 3235OT

L'itinéraire proposé plus haut se fait aussi très bien en raquettes ou en ski de randonnée.

Accès à la ferme: Depuis Lans-en-Vercors, prendre la direction Autrans/Méaudre. Après avoir passé le col de la Croix Perrin, à la fin de la descente, prendre à gauche juste avant le pont (sur la D106) en direction de Méaudre. Passer le hameau Les Gaillardes, puis prendre la route à gauche, où la ferme est indiquée. Suivre cette route jusqu'à la Bourrière, la ferme est également située sur la gauche. Le tout est bien indiqué par des panneaux.

Départ: Se garer à la ferme et prendre la piste forestière qui monte en direction de la forêt. Le sentier est balisé, suivre la piste qui part à droite en direction de la croix de Servagnet.

À la croix, prendre le sentier des Crêtes de Servagnet en direction du nord. Il est possible de descendre faire un crochet par l'auberge de la Croix Perrin, 750 m plus loin, en prenant la troisième sente à droite.

Regagner la ligne de crêtes par le même chemin et continuer de suivre le sentier des Crêtes vers le nord. Vous finirez par rejoindre une piste forestière qui redescend à la ferme, en passant par la clairière des Aigalets.

La boucle est assez courte, mais comporte de bons raidillons: prévoyez de bonnes chaussures pour ne pas glisser. Nous sommes en sous-bois, soyez à l'affût: cherchez les traces de chevreuils, de sangliers… Peut-être en surprendrez-vous un!

Vue sur la ferme et le plateau du Vercors © Agence Layeux

LA BONNE IDÉE

Le bistrot **La Table de la Fontaine**, à Méaudre, propose une cuisine traditionnelle où l'on trouve le bleu de la ferme : bleuiflette, version Vercors de la tartiflette, ou vercouline (raclette au bleu) sont à la carte. *Infos : réservation au 05 56 17 79 40.*

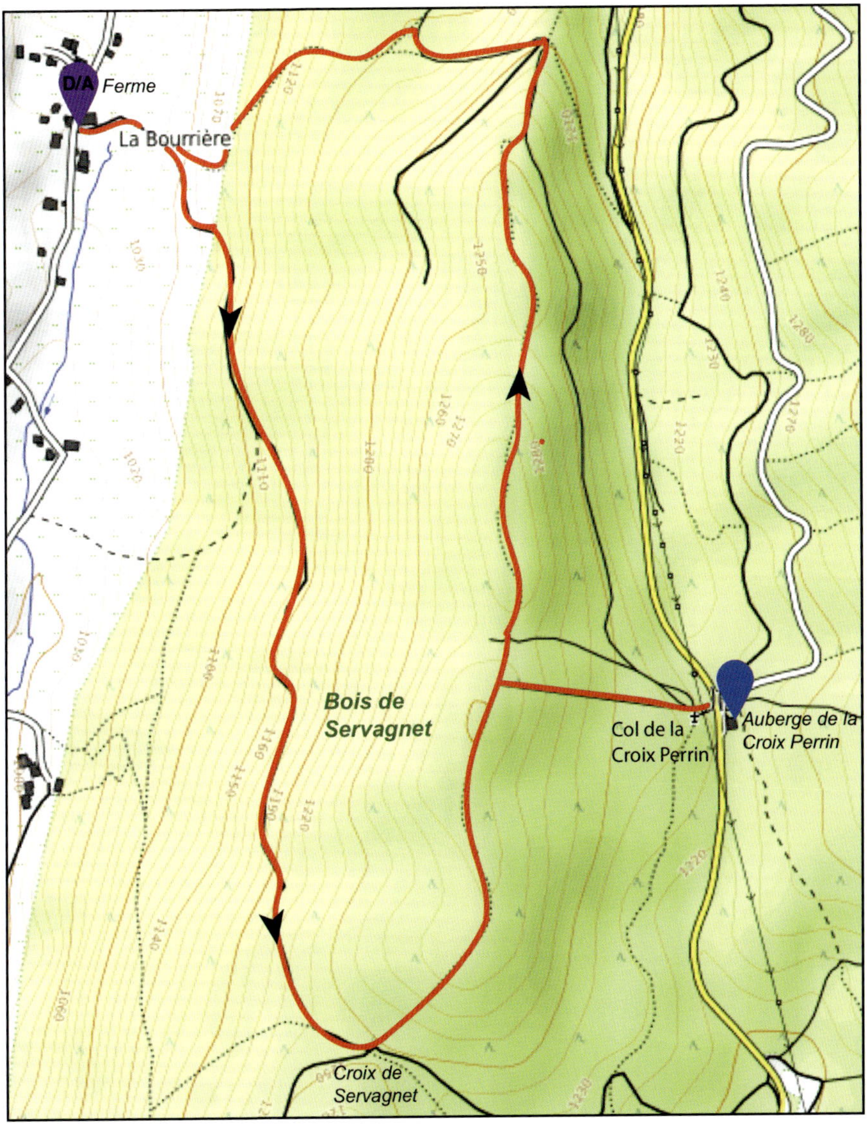

21 Chèvrerie de Chavière

– Savoie –

C'est aux portes du village de Pralognan-la-Vanoise (1400 m) et du Parc national de la Vanoise que l'on trouve le GAEC de la Chèvrerie de Chavière, où Sylvain et Audrey Chevassu élèvent une centaine de chèvres chamoisées depuis 2010, de manière traditionnelle et autonome.

Dès le retour des beaux jours, elles quittent la ferme où elles ont passé l'hiver à manger du foin produit sur les terres de l'exploitation et montent progressivement jusqu'à l'alpage de Chapendu niché dans la vallée de Chavière, à presque 2000 m d'altitude, en plein cœur du parc.

CONTACT

GAEC La Chèvrerie de Chavière

Audrey et Sylvain Chevassu
237 route de la Portettaz
73710 Pralognan-la-Vanoise

www.chevreriedechaviere.fr

04 79 00 70 84

as.chevassu@orange.fr

INFOS PRATIQUES

Vente: De décembre à avril: tous les jours de 9h30 à 12h et de 16h à 18h30. Possibilité de voir les chèvres aux horaires d'ouverture du magasin.

Visite: En été, les chèvres sont en alpage, vous ne les trouverez pas à la ferme. Il est possible de monter les voir à l'alpage de Chapendu de début juillet à mi-août. Accueil au chalet et vente de fromage l'après-midi si le portail est ouvert. Randonnées accompagnées: renseignements et réservations auprès du Bureau des Guides de Pralognan (04 79 08 71 21). En hiver, lorsque les chèvres sont à la ferme, l'entrée est libre tous les matins de 9h30 à 12h et de 16h à 18h30. La traite du soir a lieu à 17h, pas de réservation nécessaire pour y assister.

Tomme de chèvre de la Vanoise

Pour la petite histoire, la tomme est ce qu'on appelle un fromage de garde : on pouvait le conserver assez longtemps, par exemple le temps d'aller le vendre à une époque où les petites vallées étaient difficiles d'accès. Il existe d'ailleurs une Route des Tommes, itinéraire emprunté autrefois pour aller vendre les fromages en Italie et rapporter du sel. La tomme de chèvre est un fromage au lait cru, à pâte pressée non cuite et à croûte fleurie (présence d'une « fleur » jaune, petit champignon appelé le micellium, témoin d'un bon affinage). La pâte est souple et crémeuse, non crayeuse (elle ne s'effrite pas), et l'on y trouve des petits trous. C'est un fromage au goût plutôt doux, qui ne manque cependant pas de caractère.

L'affinage dure jusqu'à un mois et demi, dans une cave de 11 à 13°C. C'est un fromage plutôt sec, à conserver dans le bas du frigo une quinzaine de jours, bien emballé dans son papier. Outre la tomme, la Chèvrerie de Chavière propose aussi du sérac, de la tomme de Chavière (fromage à raclette), de la faisselle, des petits fromages frais natures ou enrobés (les P'tits mont Blanc)… Depuis quelques années, la ferme développe également des produits à base de viande de chèvre (charcuteries et conserves).

DÉGUSTATION

Comme c'est un fromage doux, la tomme de chèvre s'invite facilement dans de nombreuses préparations. On peut la déguster telle quelle en apéritif avec un blanc de Savoie, comme une roussette par exemple. Elle accommode très bien les salades : en petits cubes dans une salade savoyarde avec des croûtons et des lardons ; ou plus estivale avec des tomates. En hiver, elle se prête au jeu de la tartiflette (à accompagner d'un vin blanc sec), et on peut même en manger au goûter, sur du pain d'épice avec du jus de pomme.

© Flore Cumin

LA BOUCLE DE MONTAIMONT

Depuis Pralognan, prendre la D124.

Départ: Depuis le pont de la Pêche (après le hameau des Prioux), où l'on peut se garer. Du parking, prendre la piste pastorale de Montaimont, sur la gauche.

FICHE TECHNIQUE

2h05	1975 m
6,5 km	Facile
278 m	3433ET

Le Roc de la Pêche © Édouard, Flickr

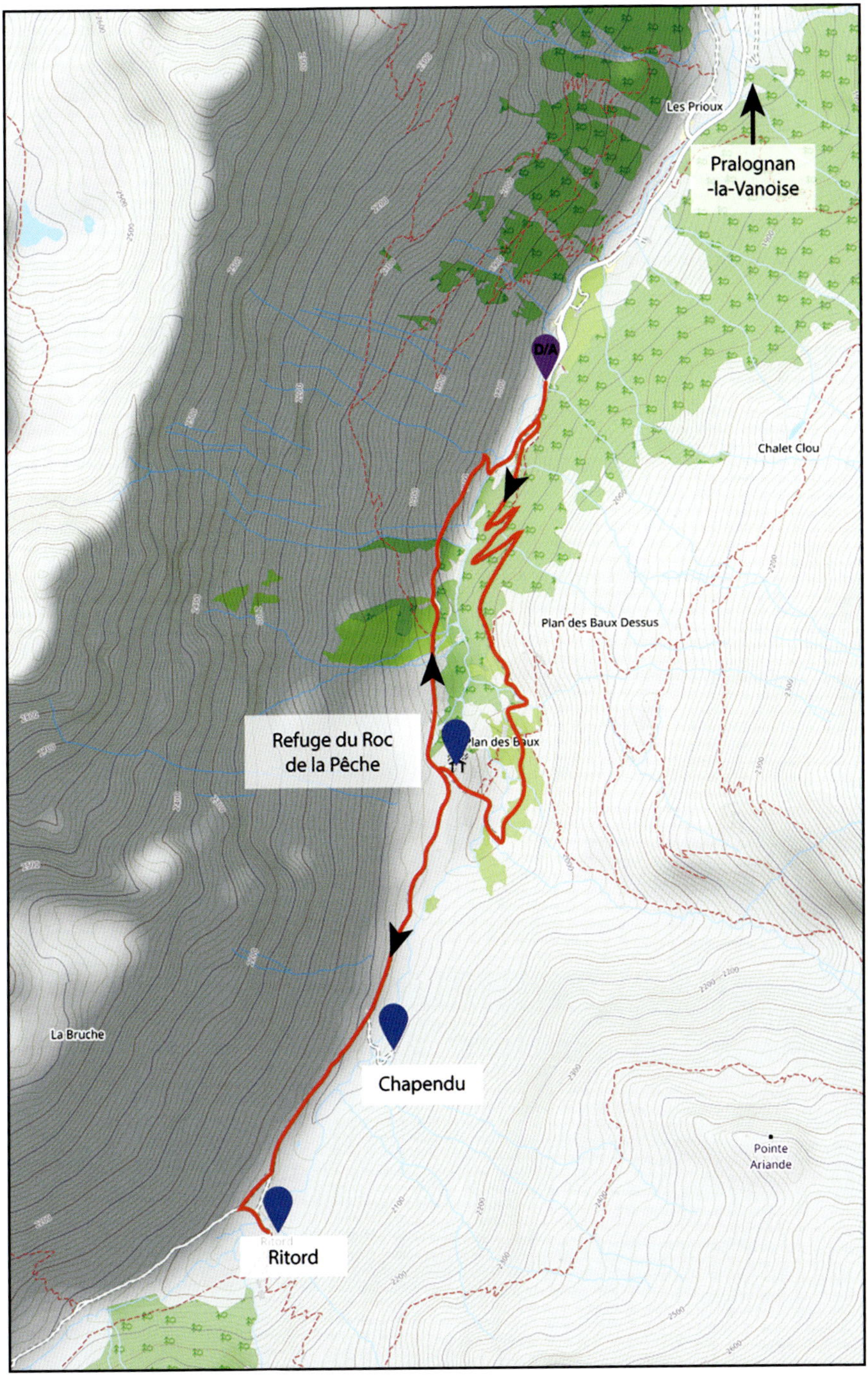
Les Prioux
Pralognan
-la-Vanoise
D/A
Chalet Clou
Plan des Baux Dessus
Refuge du Roc
de la Pêche
Plan des Baux
La Bruche
Chapendu
Pointe
Ariande
Ritord

Après une montée en pente douce, on arrive sur le plateau de Montaimont, où l'on trouve des chalets d'alpage.

Après avoir cheminé sur le plateau, descendre dans la gorge du Doron de Chavière et franchir la passerelle de Montaimont pour changer de versant, en direction du refuge du Roc de la Pêche.

Lorsqu'on arrive au refuge (possibilité de se restaurer), deux choix sont possibles : terminer la boucle en suivant la piste pastorale qui redescend au parking, ou continuer en empruntant le sentier qui monte jusqu'à l'alpage de Ritord, en direction du sud.

À mi-chemin entre le refuge du Roc de la Pêche et l'alpage de Ritord se trouvent le chalet et l'alpage de Chapendu, où les chèvres passent l'été, gardées par un berger et ses chiens.

L'après-midi, il est possible de se rendre jusqu'au chalet en traversant le pont, lorsque le portail est ouvert.

Continuer jusqu'à l'alpage de Ritord, où Gaël Machet produit du beaufort d'alpage et fait visiter gratuitement son exploitation (du 20 juin au 10 septembre, tous les jours de 9 h à 11 h 30 et de 17 h 30 à 19 h).

À noter qu'au hameau des Prioux, il existe un petit parcours aménagé de 1,5 km accessible aux poussettes et aux fauteuils roulants, sur le thème du pastoralisme.

Sylvain tente de convaincre les chèvres de descendre du toit © Flore Cumin

LA BONNE IDÉE

Au hameau des Prioux, **le restaurant La Bergerie** propose de la cuisine faite avec le fromage local (aussi bien celui de la chèvrerie que le beaufort d'alpage). On y trouve aussi le refuge le Repoju, pouvant accueillir jusqu'à 20 personnes. *Infos à l'office du tourisme de Pralognan et au 06 83 58 21 73.*

© Flore Cumin

Chalet d'alpage de Chapendu © Chèvrerie de Chavière

Près du refuge © Édouard, Flickr

22 Fromagerie de Château-Queyras

– Haute-Alpes –

C'est à deux pas de l'impressionnant Fort Queyras, ancien château fort du XIIIe siècle rendu inviolable par Vauban, au cœur du Parc naturel régional du Queyras, que vous trouverez la fromagerie de Château-Queyras. Cette dernière résulte de l'association en coopérative de dix producteurs laitiers du Queyras, du Briançonnais et de l'Embrunais, ayant pour volonté de travailler ensemble dans le but de valoriser au mieux leur lait, de faire perdurer l'agriculture de montagne ainsi qu'un savoir-faire spécifique. Pâtes molles type camembert, pâtes pressées type fromage à raclette ou reblochon et pâtes persillées telles que celle du bleu du Queyras : on y trouve une large palette de produits au lait de vache ou de chèvre, aussi bien en bio qu'en conventionnel, et tous typiques.

© Fromagerie de Château-Queyras

CONTACT

Fromagerie de Château-Queyras

SICA Les Alpages de Fontantie
1941 route du Queyras
05350 Château-Ville-Vieille

fromageriechateauqueyras.fr

04 92 46 73 16

fromalpage@fromagesduqueyras.fr

INFOS PRATIQUES

Vente : Hors période de vacances scolaires estivales et hivernales, ouverture de la fromagerie du lundi au samedi de 9h à 12h15 et de 15h à 19h.

Pendant les vacances scolaires estivales et hivernales : ouverture 7 jours sur 7, de 9h à 19h. Le magasin est accessible aux fauteuils roulants.

À noter : sur réservation, possibilité de prêt d'appareil à raclette et fondue.

Soucieux de préserver la tradition fromagère du territoire, les producteurs de la fromagerie de Château-Queyras proposent par conséquent des produits aux saveurs subtiles, reflets du terroir et des alpages des Hautes-Alpes. Ils sont à découvrir à la boutique, de même qu'une multitude de produits locaux ! Et pour vous aider à faire votre choix, la dégustation est de mise…

Bleu du Queyras

Avec un projet d'AOP en cours (c'est un long processus, il faut compter une dizaine d'années), le bleu du Queyras est un produit emblématique des Alpes du Sud, cahier des charges ou non. Ce fromage persillé d'une grande douceur possède un arôme fruité et une pâte souple et crémeuse. Il est fabriqué avec le lait de vaches montagnardes, des Tarines et des Abondances qui, tout au long de la belle saison, se délectent dans les alpages riches en fleurs. Il y en a en effet jusqu'à 2 500 espèces, ce qui explique la saveur si riche du lait d'été, et par conséquent celle des fromages produits à cette période ! Avis aux amateurs, les bleus fabriqués en août et septembre sont particulièrement goûteux.

DÉGUSTATION

En été : une bruschetta de bleu accompagnée d'une salade verte. En hiver : dans la fondue, ou en sauce pour une entrecôte. Vous trouverez en vente à la fromagerie du vin rouge de Valserre, qui accompagnera fort bien le bleu du Queyras.

Le fromager contrôle que l'affinage du bleu se déroule correctement © Fromagerie de Château-Queyras

LE COL DE LA CRÈCHE

FICHE TECHNIQUE

4h05 · 2285 m · 9 km · Moyenne · 627 m · 3537ET

Départ : De Château-Queyras, prendre la D444 jusqu'aux Meyriés. Le parking est au centre du village sur la gauche (en face du gîte d'étape « Les Astragales »).

Aller au bout du parking et suivre la route forestière en direction de Rouet. Prendre la première piste à droite (GR®). Continuer sur le GR® jusqu'au point « Le Puy ».

Au niveau de l'oratoire, monter à gauche sur le sentier dans le bois. Atteindre une piste, prendre à droite et la suivre jusqu'au point « Platenq la Charpenelle » (1 900 m).

Virer à gauche sur un large sentier qui se réduit rapidement et fait des lacets ascendants. Sortir progressivement de la forêt et arriver sur une courte partie (10 m) un peu plus technique dans les schistes qui débouche sur le col de la Crèche.

Prendre à droite à niveau, contourner le grand affaissement et tourner à gauche directement vers la forêt. Pénétrer dans la pinède et descendre en lacets. Atteindre un sentier plus large, tourner à droite et rapidement rejoindre la bergerie de Péas.

Virer à gauche sur la piste qui rejoint le Rouet. Le sentier suit cette piste forestière (excepté sur un court passage de quelques mètres en contrebas de cette piste) et ramène au point de départ.

D'autres randos sur www.cheminsdesparcs.fr.

Les alpages du Queyras © Fromagerie de Château-Queyras

LA BONNE IDÉE

À faire : nombreuses randonnées sur et autour du **mont Viso** (3 841 m). Le refuge, à la frontière italienne, propose les fromages de la fromagerie.

Plus accessible : **le refuge Napoléon**, au col d'Izoard (2 290 m), accessible en voiture et qui propose aussi les bons fromages de Château-Queyras. *Infos : 04 92 21 17 42.*

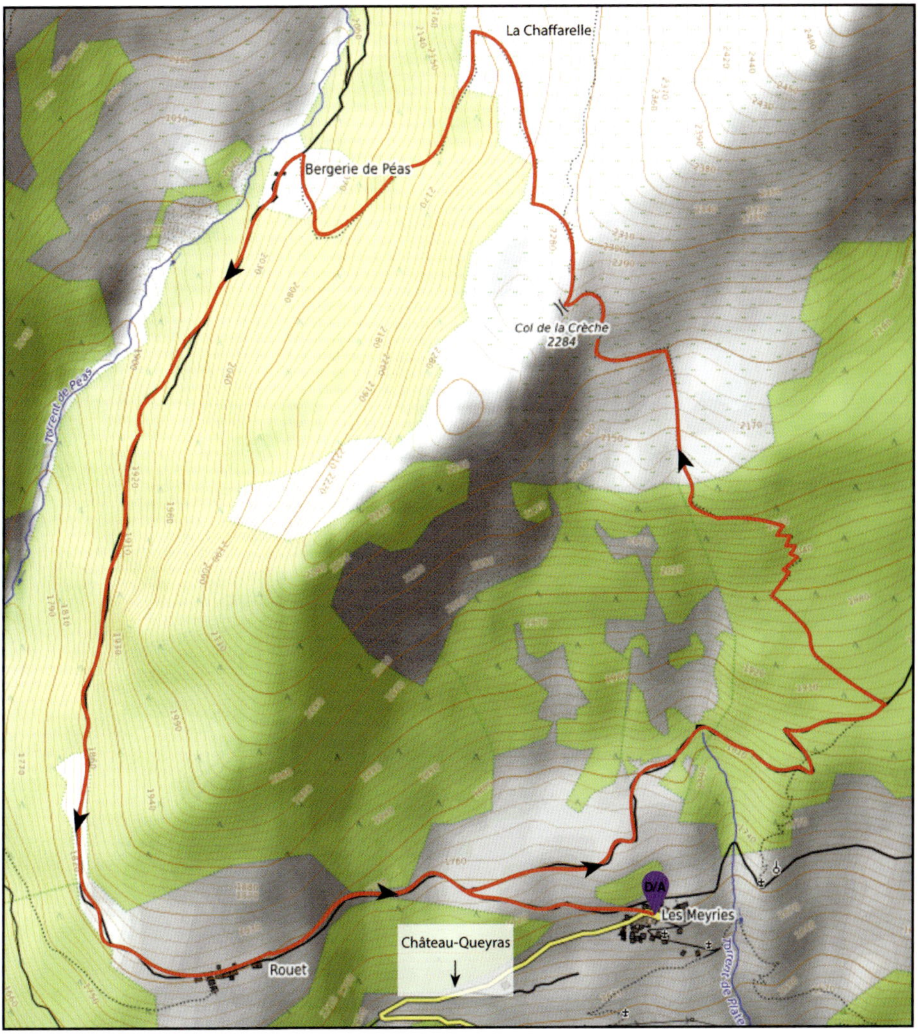

23 La Cabre du Rocher

– Alpes-de-Haute-Provence –

La Cabre du Rocher, c'est une histoire de famille : la ferme est gérée par Fabien et ses sœurs Aurélie et Meggie ; tous trois associés sur l'exploitation qui possède le statut d'EARL (Exploitation Agricole à Responsabilité Limitée). À l'image de ses fondateurs, c'est une jeune structure : l'exploitation a ouvert ses portes en 2014, et tout le reste de la tribu a mis la main à la pâte afin de rendre ce projet possible. Passionnés par leur métier, Fabien, Aurélie et Meggie bichonnent leurs chèvres de race alpine, qui ont toutes un prénom choisi avec le plus grand soin : Mitsubishi, Cyclone, Tenora, Pépette… nous vous épargnons la liste complète, elles sont tout de même 150 à habiter sur les lieux.

Certes, s'occuper de tout ce beau monde demande un travail permanent, mais pour les trois jeunes agriculteurs, il n'existe pas de plus beau métier : c'est avec plaisir que, tous les matins, ils retrouvent leurs chèvres et se lancent dans la fabrication des fromages, à raison de 400 à 500 par jour !

CONTACT

La Cabre du Rocher

Fabien Girard, Aurélie Douguet
et Meggie Girard
Les Espeyniers
04230 Le-Rocher-d'Ongles

06 65 21 45 37 – 06 68 03 17 43

INFOS PRATIQUES

Vente : Ouverture du magasin de la ferme :
- Du lundi au samedi de 8h30 à 12h et de 15h à 18h ;
- Le dimanche matin de 8h30 à 12h.

En plus du banon, La Cabre du Rocher propose plein d'autres fromages de chèvre originaux pour varier les plaisirs (tous au lait cru) : de la tomme, du fromage fouetté à la ciboulette (très bon sur des toasts ou dans les gratins), des fromages frais aux fines herbes, piment ou poivre, des glaces et yaourts au lait de chèvre… Ainsi que du miel et des fioles d'essence de lavandin, également produits sur l'exploitation.

Banon fermier AOC

Connu depuis des siècles (on en trouve des mentions dès l'Antiquité, chez les Romains), le banon est une petite tomme de lait de chèvre cru au caractère bien trempé. L'une des particularités qui l'a rendu célèbre est son procédé d'affinage : on l'enveloppe dans des feuilles de châtaignier tenues par du raphia, ce qui permet au fromage de développer un goût et une couleur bien spécifiques, dus à la migration dans le banon des tanins contenus dans les feuilles de châtaignier.

Cette technique de conservation vient du besoin qu'avaient les Provençaux de consommer du fromage pendant l'hiver, qui est aussi la saison au cours de laquelle la lactation des chèvres se tarit… L'affinage dure au minimum 20 jours ; c'est un fromage moulé à la louche, à pâte molle, et son arôme est fort et puissant. Très apprécié des consommateurs, il est souvent victime de son succès : dès que la saison de production commence (de mai à octobre), mieux vaut le réserver en avance auprès d'Aurélie, Fabien et Meggie.

DÉGUSTATION

Ce fromage de caractère peut s'accompagner de vin rouge ou rosé de Provence, mais se marie particulièrement bien avec du blanc sec bien frais : côtes-de-provence, côtes-du-rhône, et même du sancerre.

© Aurélie Douguet

ENTRE ONGLES ET LARDIERS

Départ : Depuis la chapelle Notre-Dame, prendre la direction du hameau de Bouiron. À Bouiron, prendre la route de gauche. Elle se transforme en large chemin qui passe à travers champs, et traverse une zone un peu boisée, pour rejoindre la route D12 qui monte à Lardiers (poubelles et panneau indicateur de sentiers).

Prendre à droite le chemin balisé qui va vers le nord, direction Lardiers. Il file droit pendant 2 km dans la forêt, puis au milieu des champs de lavande, et retrouve de nouveau la D12.

Traverser la route pour descendre sous les arbres par le chemin qui conduit à La Grande Fontaine. Le coin est ombragé et frais, très agréable par temps chaud.

Remonter ensuite sur la route, la longer jusqu'à atteindre Lardiers, petit village typique de Haute-Provence. L'église est fermée au public, mais l'on peut tout de même admirer son portail roman. Ressortir du village par la D12.

Prendre une route étroite à gauche (panneaux indicateurs, balisages orange et jaune/rouge).

Passer devant la chapelle Saint-Claude (édifiée au XVIIe), et continuer sur ce chemin balisé qui finit par quitter les champs pour monter le long du versant d'une colline boisé.

FICHE TECHNIQUE

3h15	843 m
9,25 km	Facile
257 m	3240OT

En haut de la côte, au croisement, quitter le GRP (GR® de Pays, balisage rouge/jaune) pour prendre le sentier à droite en direction du sud. Il dévie rapidement vers le sud-est et vient se fondre dans une piste. Il descend fortement, et rejoint un croisement.

Ignorer les embranchements et continuer en face en gardant une orientation sud-ouest. Le chemin retrouve rapidement le couvert des bois, avec en contrebas les champs de la vallée.

Retour au hameau de Bouiron. Prendre le même chemin qu'à l'aller pour clore la boucle à la chapelle Notre-Dame.

Auteur :
Jean-Luc Montfollet,
Visorando

LA BONNE IDÉE

Le Café de la Tonnelle, à Ongles. Petit bistrot de pays servant de la cuisine traditionnelle et des pays du terroir, ambiance sympathique et estivale, avec des concerts pendant l'été.
Infos : Café de la Tonnelle, Place du Village, 04230 Ongles, 04 92 73 19 89.

La grande librairie de Banon, **Le Bleuet**, une véritable institution !
Infos : Rue Saint-Just, 04150 Banon, 04 92 73 25 85.

Gîte équestre Les Granges, non loin de la ferme : chambres d'hôtes et randos à dos d'âne ou de cheval. *Infos : www.chevalenprovence.com, 06 15 22 49 87.*

Visite du village de **Forcalquier**, à une quinzaine de kilomètres d'Ongles ; randonnées sur la montagne de Lure, balades à vélo.

Les biquettes au pays de Giono © Aurélie Douguet

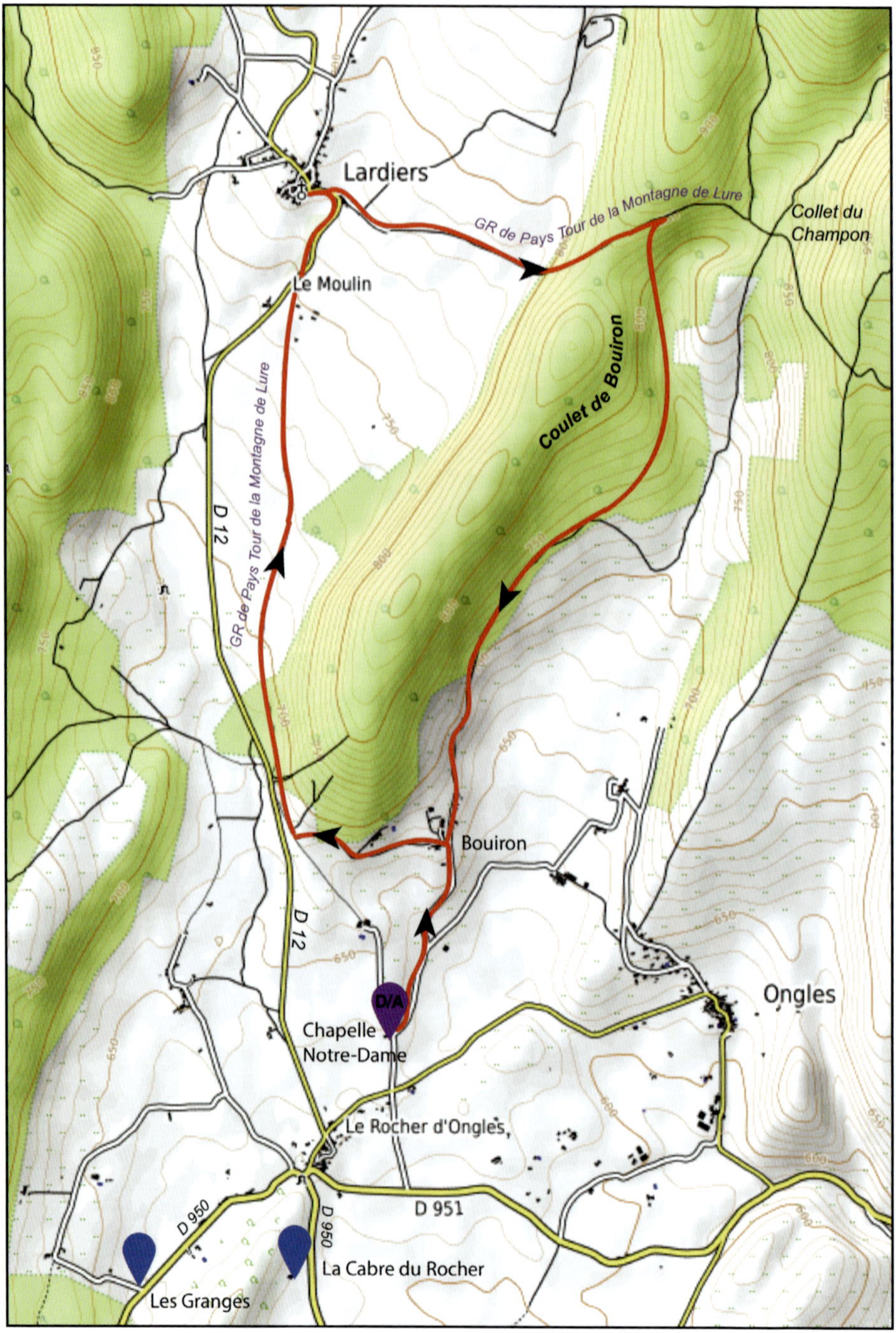
Lardiers
GR de Pays Tour de la Montagne de Lure
Collet du Champon
Le Moulin
Coulet de Bouiron
GR de Pays Tour de la Montagne de Lure
D 12
Bouiron
D 12
D/A
Chapelle Notre-Dame
Ongles
Le Rocher d'Ongles
D 950
D 951
D 950
La Cabre du Rocher
Les Granges

Le vieil Ongles ou Vière © Office de tourisme

La campagne entre Ongles et Lardiers

24 Fromagerie de Grotelle

– Haute-Corse –

Petite bâtisse en pierres sèches qui servait autrefois d'étape aux bergers et à leurs troupeaux, la fromagerie de Grotelle est idéalement située au bord de la Restonica, qui prend sa source au lac de Melo. Cela fait 35 ans que Jean-Paul y élève 200 brebis et une vingtaine de chèvres de race corse. Les Chiesi font figure d'exception dans le paysage pastoral corse, du fait de leur production estivale de brocciu qui s'étale d'avril à octobre (alors que la production se fait généralement entre novembre et juin).

Comme la transhumance des bêtes ne se fait qu'au mois de juillet, depuis les plaines de la commune d'Altiani, il faut monter le lait à la fromagerie pour la fabrication à partir d'avril. Chèvres et brebis resteront tout l'été dans la montagne, et ce jusqu'au mois d'octobre si la météo se montre clémente. En plus de leurs fromages, Claire et Jean-Paul proposent d'autres produits fermiers à la vente, ainsi qu'une restauration traditionnelle.

CONTACT

Fromagerie de Grotelle

Jean-Paul et Claire Chiesi
Au bout de la D623
20250 Corte

Page Facebook :
Fromagerie Chiesi

INFOS PRATIQUES

Visite : La fromagerie est ouverte tous les jours, d'avril à octobre. Il n'y a pas de visites guidées à proprement parler, mais Jean-Paul et Claire vous montreront volontiers comment ils fabriquent le fromage et s'occupent de leurs animaux. À noter que lorsque les chèvres et les brebis sont à la fromagerie, de juillet à octobre donc, la traite se fait de 8 h à 10 h, et le soir de 16 h à 18 h, et la fabrication du fromage s'effectue entre 11 h et 13 h et 15 h à 17 h l'après-midi. Attention, d'avril à début juillet, quand les animaux ne sont pas encore montés, la fromagerie ouvre un peu plus tard dans la matinée.

Brocciu de Grotelle

Emblématique de la Haute-Corse, vous aurez compris que le brocciu de Claire et Jean-Paul est cent pour cent fermier. C'est un fromage à base de lactosérum de lait de brebis et de chèvre, ou « petit lait », c'est-à-dire ce qui reste après la fabrication des fromages au lait emprésuré. À l'instar du sérac, sa fabrication résulte d'une pratique typique des régions dites « difficiles » (souvent, la montagne), où rien ne se perd. Ce petit-lait, auquel on ajoute du sel et un peu de lait, est chauffé et remué constamment jusqu'à atteindre la température de 80°C : c'est là que le brocciu se forme. On le ramasse alors à la louche, et hop, on le moule, ce qui donne un fromage à la texture souple et onctueuse.

C'est un produit frais, il faut le consommer rapidement : dans les 5 jours en le gardant au frigo, ou encore chaud, juste après la fabrication. Le petit-lait dont est fait le brocciu est issu de la fabrication d'un autre fromage élaboré par Claire et Jean-Paul, de type Venacais (du village de Venaco, à une douzaine de kilomètres de Corte). C'est un fromage au lait cru de brebis et de chèvre, à pâte molle et croûte lavée, affiné 45 jours. Plutôt doux à l'origine, on peut tout à fait le faire vieillir encore un peu si l'on désire un fromage plus corsé. À consommer avec ou sans la croûte, il se conserve bien plus longtemps que le brocciu grâce à cette dernière.

DÉGUSTATION

On peut manger le brocciu tel quel, comme une friandise : nappé de miel corse, ou tout simplement nature. Il entre aussi bien dans la composition de desserts (incontournable dans le fiadone, célèbre dessert corse) que de plats salés ; cannelloni, artichauts farcis… À accommoder selon vos inspirations ! Et pour le fromage affiné, Claire conseille de le consommer avec du pain et de la confiture de figue corse, le tout accompagné de vin rouge.

Claire et Jean-Paul Chiesi

© Claire Duval-Chiesi

Affinage des broccius

LES LACS DE MELO ET CAPITELLO

Au départ des bergeries de Grotelle, les randonneurs se pressent pour les lacs de Melo (1 711 m) et de Capitello (1 930 m).

En été, il est conseillé de venir tôt le matin afin d'éviter les problèmes de circulation liés à l'étroitesse de la route (la D623) qui monte depuis Corte en passant par les gorges de la Restonica. Les parkings sont situés avant et après les bergeries, et sont payants : 6 euros par jour. Il existe un système de navettes, mis en place pendant l'été.

Départ : Pour atteindre le lac de Melo, prendre le sentier qui part du dernier parking. Il remonte le long de la Restonica, dans un joli vallon. Après avoir passé l'ancienne bergerie de Melo (restauration possible), le chemin se divise : prendre celui de gauche si vous êtes en famille. Celui de droite est réservé aux personnes ayant le pied sûr et qui ne craignent pas le vertige : échelles et ambiance aérienne au rendez-vous.

FICHE TECHNIQUE

- 5h
- 1 930 m
- 8,30 km
- Difficile
- 730 m
- 4251OT

Lac de Capitello : Le sentier part de derrière le refuge, continuer à suivre le balisage. Montée raide et escarpée, réservée aux bons marcheurs. Quelques passages avec câbles. Depuis le lac de Melo, compter environ 40 min. La vue y est superbe et l'endroit est moins fréquenté que le premier lac.

Auteur : Audi, Visorando

La fromagerie de Grotelle en son écrin corse © Claire Duval-Chiesi

LA BONNE IDÉE

À Corte, en plein cœur de la vieille ville, un petit restaurant de cuisine traditionnelle corse : **le A Funtana**. Petits prix, convivialité et cadre idyllique. *À Funtana, 4 rue de la Fontaine, 20250 Corte, 06 84 60 87 63.* Toujours à Corte, vente de produits fermiers et locaux (fruits, légumes, fromages, notamment ceux de Claire et Jean-Paul) en circuit court à la boutique **A Robba Plaisana**. *6 avenue de la République, Pont de l'Orta, 20250 Corte (à la station-service).*
Non loin du GR®20 et au départ de nombreuses randonnées, **le camping Le Soleil**, à Tattone, en direction d'Ajaccio, propose des emplacements agréables et de très bonnes pizzas. *Camping Le Soleil, 20219 Vivario – 04 95 47 21 16.*

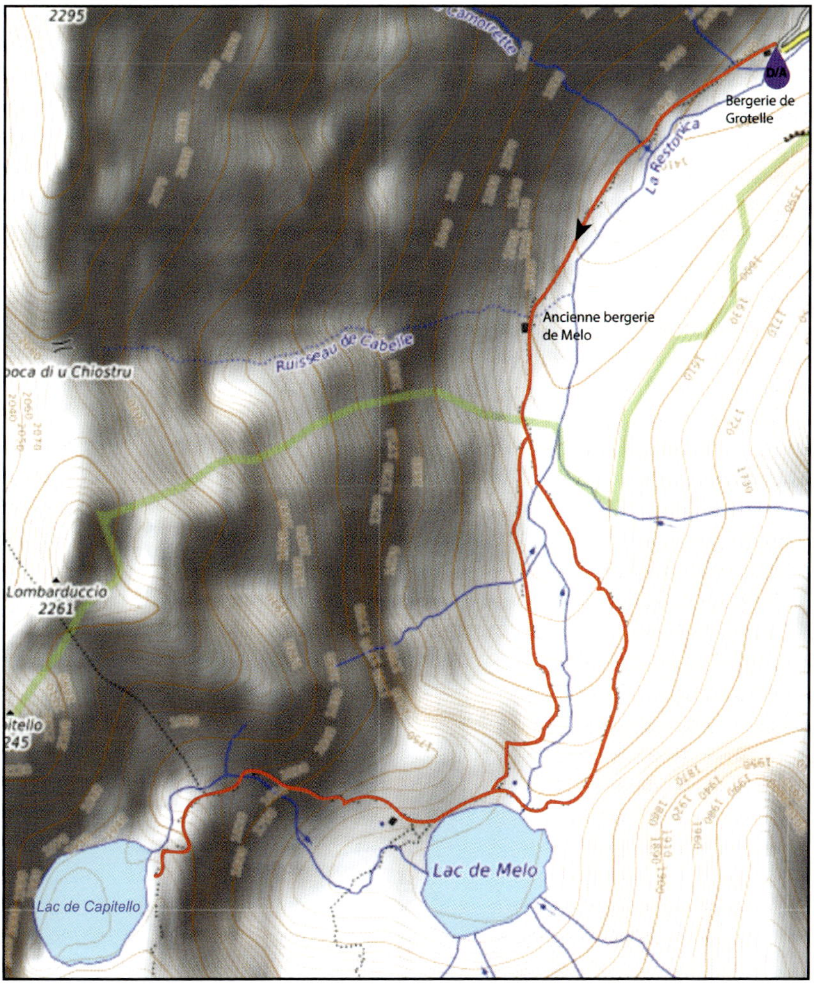

Lac de Capitello © Tryphon, Flickr

25 La Chèvrerie des Felges

– Lozère –

Suspendue à 900 mètres sur les coteaux de la Mimente, l'un des nombreux cours d'eaux qui sculptent les reliefs cévenols, la Chèvrerie des Felges se niche en plein cœur du Parc national des Cévennes, non loin du chemin de Stevenson (le fameux GR®70). L'exploitation voit le jour en 2012 sur la commune de Cassagnas (Hautes-Cévennes) lorsque Corinne et Denys Olivero, tous deux originaires du nord de la Lozère, commencent la construction d'un bâtiment d'élevage où sont accueillies une vingtaine de chevrettes. Puis, en 2013, la fromagerie sort de terre. Les premiers pélardons bio sont produits, et remportent d'emblée deux médailles d'argent au concours régional ! Les années suivantes, le troupeau s'agrandit progressivement, et les récompenses au concours régional continuent de pleuvoir. Le secret du succès des pélardons de la Chèvrerie des Felges n'est sans doute pas étranger au fait que les chèvres pâturent presque toute l'année sur un vaste terrain de 75 hectares, ce qui leur assure une alimentation très variée. Au menu de ces dames : ronces, bruyère, châtaignes, glands, feuilles et aiguilles de pin, toutes sortes d'herbes aux nombreuses vertus…

CONTACT

La Chèvrerie des Felges

Lieu-dit Les Felges
48400 Cassagnas

www.yourtes-cevennes-gorgesdutarn.fr

04 66 45 77 73

INFOS PRATIQUES

Vente : En saison (de mai à septembre), vente à la chèvrerie toute la journée. Hors saison, privilégier la matinée. De mi-décembre à mi-février, pas de fromage. Vente au marché des Arceaux (Montpellier) les mardis et samedis matin. On peut également retrouver les fromages de la Chèvrerie dans les magasins Biocoop de la région.

Visite : Pas de visite prévue, mais il est possible de se balader sur l'exploitation et de poser des questions !

Sur leur exploitation, Corinne et Denys proposent des nuitées en véritables yourtes mongoles. Ils mettent également à disposition des cartes topographiques pour la randonnée, ainsi que des cartes du ciel pour observer les étoiles : le Parc national des Cévennes est labélisé Réserve internationale de ciel étoilé.

Pélardon des Cévennes

Protégé par une AOC depuis 2000 et une AOP depuis 2001, le pélardon est un petit fromage au lait cru de chèvre, emblématique des Cévennes. Il prend la forme d'un palet de 60 grammes environ ; affiné onze jours au minimum, c'est un fromage lactique, c'est-à-dire que le caillage se fait lentement (le caillé reste jusqu'à 24 heures en bac). Le lait des chèvres est transformé tous les jours de mi-mars à mi-décembre. Le moulage est effectué à la louche ; il faut ensuite égoutter les fromages, les saler sur chaque face, puis les placer sur une grille où sa fine peau va se développer grâce à un champignon : le geotrichum candidum. Restent les étapes du séchage et de l'affinage, au cours desquelles les arômes se développent. Les fromages sont régulièrement retournés pendant leur maturation. La texture sera plus ou moins fondante ou cassante selon le temps d'affinage : on peut acheter du pélardon fondant ou sec en fonction de sa préférence.

DÉGUSTATION

Le pélardon s'accompagne très bien de vin rouge, de préférence du Languedoc : faugères, chinian, coteaux-du-languedoc… Avec un affinage plus long, son goût sera plus affirmé et il sera plus sec : à vous de choisir selon vos préférences. Avec son petit goût de noisette et sa texture onctueuse, il s'incorpore dans de nombreux plats : gratins, samosas, tarte aux oignons, terrines ; ou encore en cubes dans un velouté poireaux-pommes de terre…

Les pélardons © Chèvrerie des Felges

LE COL DE LA PLANETTE

Départ : Depuis le village de Cassagnas, sur la N106 entre Florac et Alès. À Cassagnas, stationner au centre du village (parking). Balisage jaune.

FICHE TECHNIQUE

2h30 — 1 037 m

7 km — Facile

295 m — 2740ET

Depuis le parking du centre du village, monter et prendre à gauche, puis prendre la première route à droite en direction du temple et du cimetière protestants. Au niveau du temple, poursuivre sur la route qui fait une épingle à droite. Suivre cette route toujours tout droit sur un peu plus de 2 km, jusqu'au col de la Planette.

Dépasser le col de la Planette (1 037 m), et bifurquer à gauche sur la piste forestière. Suivre la piste sur 900 m environ jusqu'au col du Poulio.

Au carrefour du col du Poulio, prendre à gauche sur la petite route descendante. Après avoir parcouru 500 m environ, quitter la route pour descendre sur le sentier à gauche, dans la hêtraie. Le sentier débouche ensuite sur une lande que l'on traverse à flanc de colline (vue dégagée sur la vallée de la Mimente et les reliefs cévenols).

Puis l'itinéraire rejoint une châtaigneraie qui mène jusqu'au temple de Cassagnas, croisé à l'aller. De là, redescendre jusqu'au parking.

LA BONNE IDÉE

À 40 min de Cassagnas, **la guinguette Aux cinq arches**, à Castelbouc : tapas de produits locaux et faits maison, boissons et glaces artisanales. La terrasse offre un superbe panorama sur les gorges du Tarn ! De nombreuses animations sont proposées tout au long de la saison, consulter la page Facebook pour voir la programmation. *Infos : Panorama de Castelbouc, route de Prades, 48210 Gorges du Tarn Causses – 06 26 54 38 32.*

Les gorges du Tarn (canoé, escalade, balades au départ de Sainte-Enimie). Nombreuses randonnées autour de Cassagnas (GR®72, GR®70…).

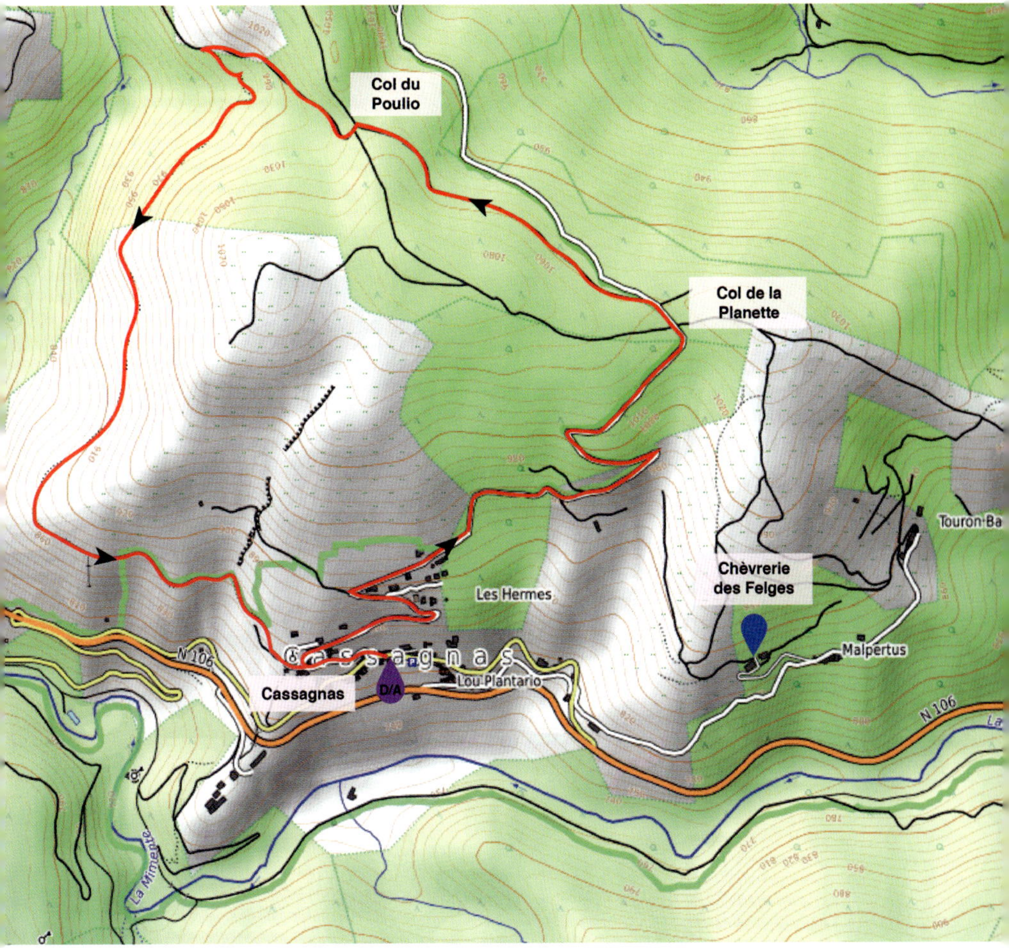

26 Abbaye Notre-Dame du Pesquié

– Ariège –

C'est en 1991 que la communauté de Notre-Dame du Pesquié s'installe à Serres-sur-Arget, près de Foix. Le travail de la terre, la vie agricole et le soin des bêtes font partie intégrante de la vie monastique (labours, semis, foins, paille, soin des vaches, cochons, poules, ruches), et tout est entièrement fait par les sœurs : la traite des 20 vaches laitières, la fabrication, l'affinage et la vente des fromages et autres produits fermiers. Les produits de la ferme de l'Abbaye obtiennent le label bio en 2011, et la fromagerie se modernise sérieusement en 2012, ce qui permet une augmentation de la qualité du fromage et un allègement de la charge de travail.

Cet investissement est récompensé en 2016 par une médaille de bronze au Concours national de la Tomme des Pyrénées au lait cru, puis en 2017, où l'Abbaye remporte le concours des Talents Gourmands dans la catégorie agriculteurs. En 2022, elle remporte la médaille d'or au Concours national de la Tomme des Pyrénées au lait cru ! En plus de la tomme, les moniales produisent du Saint-Paterne, un fromage type reblochon, du fromage blanc battu, de la faisselle et des yaourts. D'autres produits monastiques sont également fabriqués et vendus à la boutique de l'Abbaye : reliure, céramique artisanale, pâtisseries maison, confitures, miel…

CONTACT

Abbaye Notre-Dame du Pesquié

Le Pesquié
09000 Serres-sur-Arget

http://abbaye-pesquie.org

05 61 02 97 55

INFOS PRATIQUES

Vente : À la boutique de l'Abbaye :
- Du lundi au vendredi de 10h30 à 11h30 et de 16h à 17h30
- Dimanche de 11h30 à 12h et de 15h à 18h

Sur les marchés :
- Foix, le vendredi matin
- Tarascon le samedi matin, pendant l'été

Tomme d'Abbaye

La tomme de l'Abbaye du Pesquié est un fromage à pâte pressée non cuite, au lait cru et aux saveurs saisonnières, fabriqué de manière artisanale. Les ferments permettant son élaboration sont conçus au sein même de la fromagerie, ce qui en fait un produit complètement unique et local, sans ajout de ferment industriel : un pur produit fermier !

Affinée deux mois minimum, la croûte de la tomme est lavée une fois par semaine au cours du premier mois. Elle se présente en meule de 2 ou de 3,5 à 4 kg. Le moment idéal pour la déguster est lorsqu'elle a atteint plus de 4 mois. Une fois entamée, conservez-la dans un linge au frigo, et pensez à la sortir 2 heures avant le repas afin de profiter pleinement de sa saveur.

DÉGUSTATION

Sur un plateau de fromage, en raclette pyrénéenne, râpée dans les bonnes soupes d'hiver ou les gratins, fondue sur du pain grillé… Elle sait tout faire, et on l'apprécie particulièrement lorsqu'elle est le fruit des pacages automnaux.

LE TOUR DES HAMEAUX

FICHE TECHNIQUE

3h05 — 607 m
10 km — Facile
290 m — 2047ET

Se garer derrière la salle polyvalente de Serres-sur-Arget, suivre le balisage jaune.

Départ: De la mairie de Serres-sur-Arget, traverser la place, descendre les escaliers et le chemin creux jusqu'à la D21. Tourner à droite, descendre jusqu'au stop de la D17, tourner à nouveau à droite: c'est la Mouline. À 90 m, tourner à gauche et suivre la D21.

La D21 monte (sur 600 m environ) jusqu'à un virage assez prononcé; tourner à gauche et emprunter le sentier (nord-est) jusqu'à la Coupière. Traverser la D17 et tourner à droite.

Immédiatement après le pont, tourner à gauche et quelques mètres plus loin prendre à droite. Continuer de monter le sentier jusqu'au hameau de Lux.

Prendre le temps d'admirer le petit lavoir rénové et les quelques maisons du hameau. À la sortie nord de Lux, tourner à droite et continuer sur un chemin enherbé. Prudence, cette portion d'itinéraire peut être empruntée par des VTT et des cavaliers.

À une intersection, continuer tout droit jusqu'à la maison de Gayet et continuer sur la route pour rejoindre la D45. Traverser et rejoindre le hameau de Balmajou; le traverser et déboucher sur une petite route goudronnée.

Tourner à gauche et marcher jusqu'au hameau de Prat de Lux. Traverser le

Les collines ariégeoises © Abbaye du Pesquié

hameau et emprunter le chemin qui descend plein ouest vers le pont de Baloussière et la D21.

Tourner à gauche et suivre la D21 jusqu'au hameau des Chartels. Monter dans le hameau et continuer le chemin qui bifurque à gauche et progresse dans la forêt. Poursuivre ce chemin (parfois boueux !) qui conduit jusqu'au hameau de Darnac.

Dans Darnac, tourner à gauche et à l'intersection des routes goudronnées, prendre le chemin qui descend rapidement vers la place du village de Serres-sur-Arget. De là, il vous faudra une dizaine de minutes en voiture pour rejoindre l'Abbaye via la D17 et la D11A.

Itinéraire proposé par l'Office de Tourisme de Foix. Fiche téléchargeable et autres idées de randos sur le site : www.foix-tourisme.com.

LA BONNE IDÉE

L'Abbaye étant située à une dizaine de kilomètres de la ville de **Foix**, il serait dommage de bouder son impressionnant château perché sur un piton rocheux, au pied des Pyrénées Ariégeoises. À ne pas manquer également : la visite de **la rivière souterraine de Labouiche** (1 500 m de parcours à 60 m sous terre !). *Infos : www.foix-tourisme.com, www.labouiche.com.*

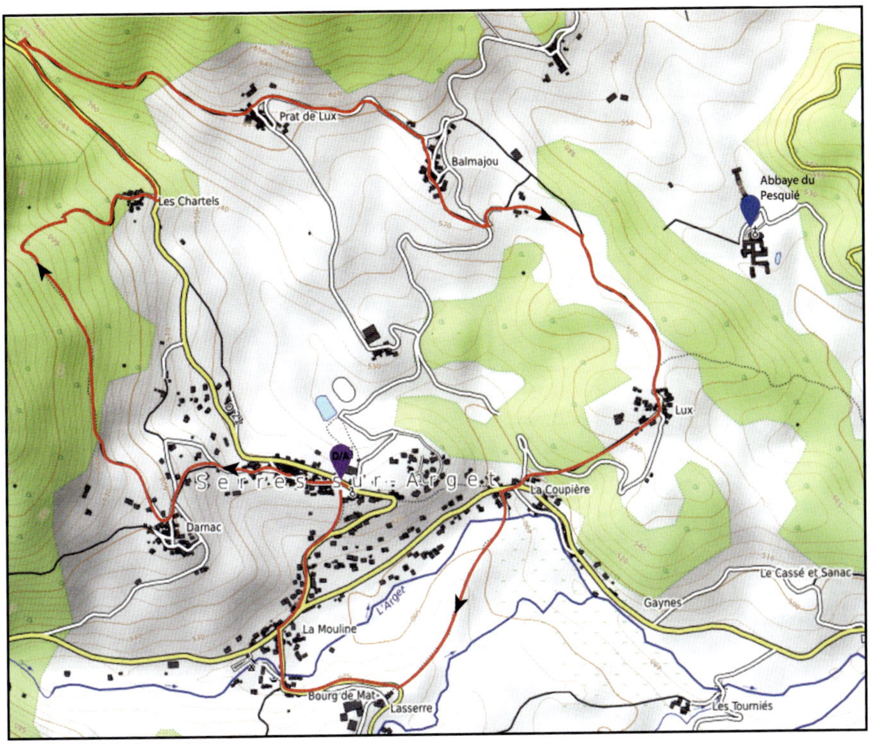

27 Ferme Bouchoo

– Pyrénées-Atlantiques –

Bienvenue à la ferme Bouchoo, située à Lées-Athas, un petit village de montagne en vallée d'Aspe au sud-est du département des Pyrénées-Atlantiques. Depuis plusieurs générations, les Bouchoo perpétuent les traditions du pastoralisme pyrénéen en élevant des brebis basco-béarnaises (actuellement 600 têtes) et des vaches laitières, des Béarnaises et des Montbéliardes (10 et 25 bêtes). Les animaux sont nourris à l'herbe, au foin et aux céréales. Leur lait est transformé en fromages : au lait de vache, au lait de brebis, ou aux deux mélangés !

L'été, de début juillet à fin septembre, on peut monter à la rencontre des bergers, sur le chemin du pic d'Anie. Ces derniers passent la saison d'estive, avec le troupeau de brebis, à la cabane du Cap de la Baitch (1 689 m), à 3,5 km environ du départ de la randonnée (refuge de l'Abérouat). Les marcheurs peuvent y faire une pause, à l'aller ou au retour : du fromage y est proposé à la vente. De plus, il est possible de se désaltérer et de remplir les gourdes à la source d'eau fraîche attenante.

CONTACT

GAEC Bouchoo

22 route d'Arroudiste
64490 Lées-Athas

Pages Facebook et Instagram :
La Ferme Bouchoo

06 47 62 43 19

gaecbouchoo@gmail.com

INFOS PRATIQUES

Vente : Vente directe à la ferme, ainsi qu'à la cabane du Cap de la Baitch en période d'estive (début juillet à fin septembre). Pas d'horaires fixes, mais privilégiez la fin de matinée. Retrouvez également les crèmes glacées de la ferme dans divers commerces de la vallée d'Aspe (épicerie de Lescun, épicerie bio de Bedous, Intermarché d'Accous) et d'Oloron-Sainte-Marie. En été, vente sur les marchés de producteurs fermiers dans les vallées d'Aspe, de Baretous et d'Ossau. À bon entendeur : l'éventail de parfum des glaces y est plus varié !

Visite : Pas de visites, mais on se fera un plaisir de répondre à vos questions. Possibilité de se balader dans la ferme lorsque l'on vient acheter des produits.

Et juillet 2021, à la ferme de Lées-Athas, un nouvel atelier a été installé : on y fabrique des crèmes glacées au lait de brebis. Grâce au lait de ces dernières, plus riche en matières grasses et en protéines que celui des vaches, les glaces sont plus douces et onctueuses. Les recettes ont été élaborées sur place, avec pour objectif de proposer des produits peu sucrés et sans arômes artificiels. Les parfums donnent l'eau à la bouche : myrtille, noisette, foin, mandarine… En plus de posséder de nombreuses qualités nutritionnelles, le lait de brebis est une bonne alternative pour les personnes intolérantes au lait de vache.

Affinage des tommes © M. Bouchoo

Estive devant le pic d'Anie © Mathieu Bouchoo

Tomme de brebis des Pyrénées

La tomme de brebis est un produit traditionnel et emblématique des Pyrénées, notamment du Béarn. C'est un fromage à pâte pressée non cuite, au lait cru. À la ferme Bouchoo, la fabrication se fait de manière ancestrale, au chaudron. Elle a lieu sur place à la ferme, ainsi qu'au chalet d'estive en été (cabane du Cap de la Baitch). Cette tomme possède du caractère, ainsi que des parfums uniques qui varient selon les saisons. Le temps d'affinage a également son rôle à jouer en ce qui concerne le goût et la texture. À la ferme, on peut trouver des tommes à l'affinage court ou long selon les envies et les stocks (de 2 à 10 mois), comme par exemple la tommette de brebis (1,5 kg environ), affinée 3 mois.

Idéalement, à la maison, la tomme se garde dans un endroit frais et sec n'excédant pas les 18°C. Si on n'a pas de cave, une boîte au frigo fera tout aussi bien l'affaire. Et si besoin, on peut tout à fait congeler son fromage pour le conserver longtemps.

DÉGUSTATION

Le conseil des producteurs : mangez-en à volonté ! On peut déguster cette tomme de caractère fondue ou gratinée dans de bons petits plats ; ou tout simplement en fines tranches, accompagnée d'un bon pain de seigle et de vin rouge tannique type bordeaux ou madiran.

LA BONNE IDÉE

Retrouvez **les crèmes glacées** de la ferme Bouchoo dans différents restaurants de la vallée d'Aspe : épicerie de Lescun, hôtel-restaurant Le Permayou (Accous), Le Mayabor (Bedous).

La ferme Bouchoo propose également **un gîte à la ferme**, dans un ancien moulin pouvant accueillir 10 personnes. *Location à la semaine, renseignements et réservation au 05 59 34 53 07.*

Les glaces au lait de brebis © Mathieu Bouchoo

Brebis basco-béarnaise © Didier Labeyrie

Lées-Athas © Mathieu Bouchoo

LE PIC D'ANIE

Depuis Lées-Athas, rejoindre Lescun par la N134 puis la D239 (15 min). Traverser Lescun et prendre la direction du refuge de l'Abérouat, sur le chemin de Petrelate et Eycun. Se garer au bout de 5 km, sur le parking à droite juste avant le refuge. *Coordonnées GPS : 42° 57' 0.02'' N / 0° -39' -0.86'' E*

FICHE TECHNIQUE

- 6h30
- 2504 m
- 13 km
- Difficile
- 1250 m
- 1547OT

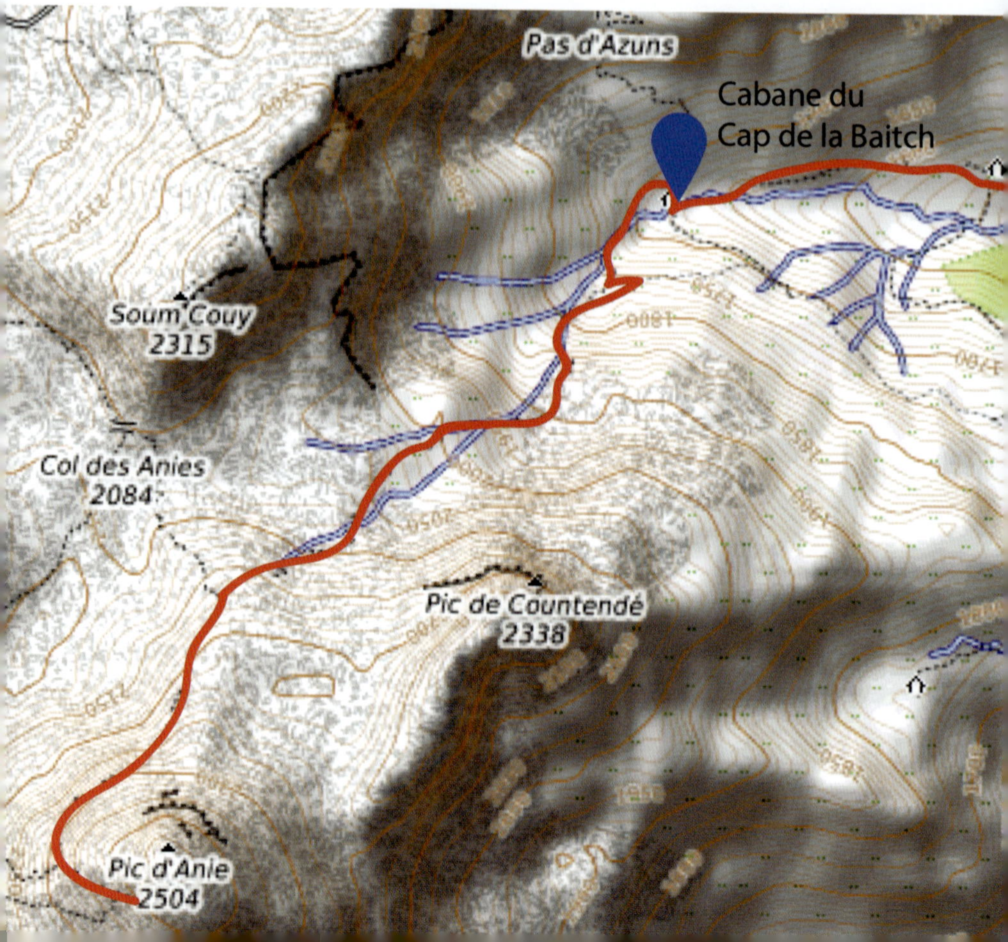

Départ (1 420 m) : Continuer sur la route jusqu'au refuge. Poursuivre sur le GR®10 (rouge et blanc) qui chemine longuement dans le bois d'Azuns (direction nord-ouest).

À la sortie du bois, laisser à droite la cabane d'Ardinet et continuer jusqu'à la cabane du Cap de la Baitch (1 689 m) : bienvenue à l'estive de la ferme Bouchoo, où les bergers passent l'été avec les brebis.

Arrivé à la cabane, laisser à droite le sentier du GR®10 conduisant au pas d'Azuns (une autre rando : suivre le pas d'Azuns, puis prendre un sentier à droite du col pour monter sur les Orgues de Camblons).

S'élever à gauche (sud-ouest) sur un sentier balisé en jaune. Le sentier monte en lacets rive gauche, puis rive droite vers le col des Anies.

Après un petit ressaut, on atteint le lac d'Anie (2 042 m). Passer à droite du petit lac et poursuivre dans la pierraille sur une petite sente (sud-ouest) en direction du pic d'Anie qui domine au loin.

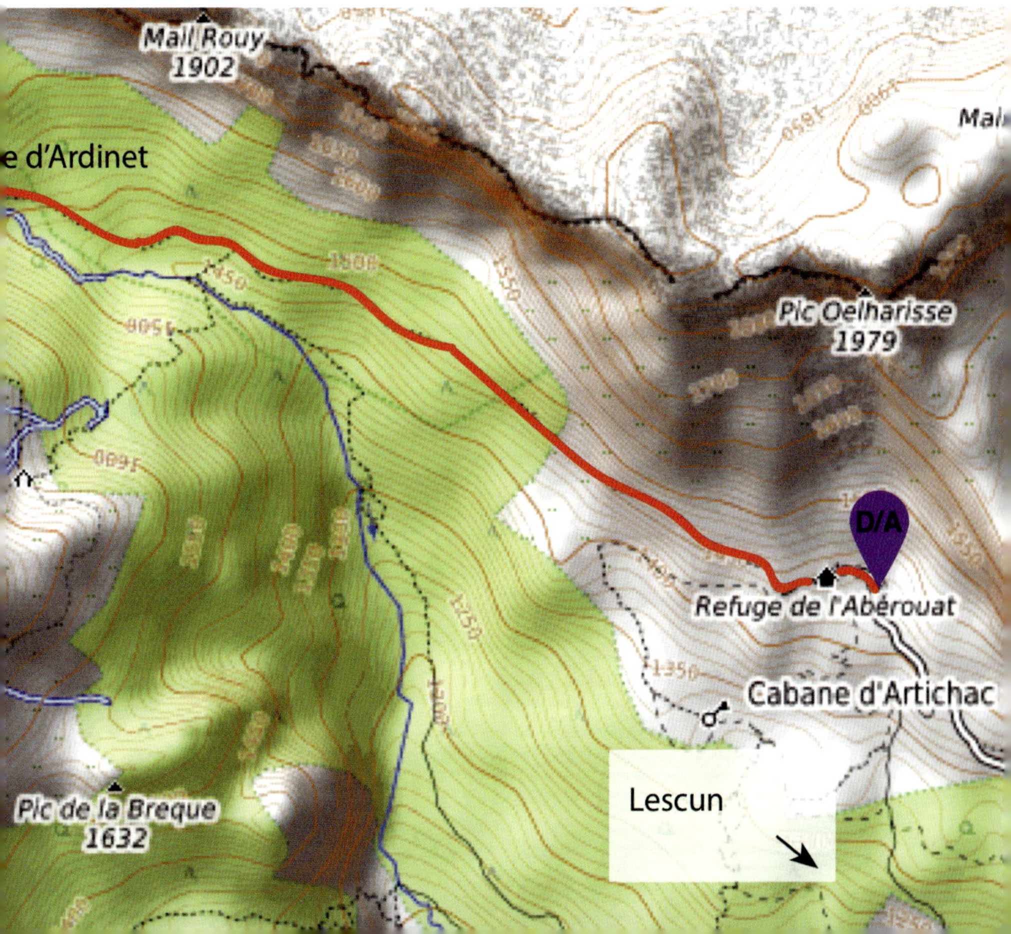

28 Ferme Lou Brenac

– Aveyron –

Laguiole, c'est le nom d'un village des hautes terres de l'Aveyron. Il évoque bien sûr les fameux couteaux à abeilles ; mais c'est aussi un fromage issu d'une très ancienne tradition, fabriqué avec le lait de ces vaches aux yeux maquillés de khôl. Avec cette jolie boucle, vous allez parcourir le nord-ouest du plateau de l'Aubrac, tout en jouissant d'un superbe panorama sur les monts du Cantal. À faire à pied ou à vélo ! La ferme Lou Brenac est une exploitation familiale située sur le plateau de l'Aubrac, en Aveyron.

Elle est spécialisée dans deux types de production : de la viande charolaise issue des vaches nées, élevées et nourries sur l'exploitation, et la fabrication de fromages fermiers. Ces derniers sont faits avec le lait de vaches de races Simmentale et Aubrac (une race locale, comme son nom l'indique). Les bêtes sont exclusivement nourries avec l'herbe de l'exploitation, à 1 000 mètres d'altitude, et c'est le même refrain en hiver : le foin, récolté en été, est également issu des terres de la ferme. Séverine et Benoît Fagegaltier font naître, traient, nourrissent et soignent leurs vaches eux-mêmes. Ils produisent du laguiole fermier AOP, de la tomme de Brenac, ainsi qu'une large gamme de fromages frais, qu'ils fabriquent sur place et affinent en cave naturelle.

CONTACT

Ferme Lou Brenac

Séverine et Benoît Fagegaltier
Brenac, Graissac
12420 Argences-en-Aubrac

https://laguiolefermier.fr.gd

06 85 71 52 46
05 65 66 47 15

benoit.fagegaltier@wanadoo.fr

INFOS PRATIQUES

Vente : Vente directe à la ferme de fromages et de viande.

Visite : Possibilité de visiter la ferme, explication de la fabrication du fromage « laguiole fermier ». Sur rendez-vous uniquement, au 06 85 71 52 46 ou au 05 65 66 47 15.

Laguiole fermier AOP

Sur le plateau de l'Aubrac, la présence de l'homme est avérée depuis le Néolithique. Le laguiole, sans être aussi ancien, est mentionné dans les textes à partir du IVe siècle (Haute Antiquité).

Autant dire que les générations ont eu le temps de peaufiner sa fabrication : vous tenez entre les mains un véritable trésor de transmission et de savoir-faire ! Le laguiole fermier AOP (aussi appelé fourme de Laguiole) est fabriqué à partir du lait entier et cru de vaches Simmentales et Aubrac.

Il se présente sous forme de gros cylindres de 20 à 50 kg. C'est une pâte pressée non cuite, et l'affinage est de minimum 4 mois. À stocker dans son papier d'origine, bien au frais : c'est un fromage de garde, il se conserve bien et longtemps.

DÉGUSTATION

À déguster avec du vin d'Estaing, un vignoble aveyronnais. Rouge, blanc ou rosé, selon vos humeurs ! Le laguiole se déguste en plateau bien sûr, mais il peut aussi être utilisé en cuisine : un soufflé au laguiole et au curry, pour changer de l'aligot.

L'imposant laguiole © C. et B. Fagegaltier

LE CHEMIN DE BILLIEYROLS

FICHE TECHNIQUE

3h30 | 1012 m
12 km | Facile
307 m | 2437ET

Le départ se fait depuis le village de Vitrac-en-Viadène, situé à 1012 m d'altitude et pourvu d'une belle église fortifiée du XIVe siècle. Au cours de votre randonnée, vous rencontrerez de nombreuses croix sculptées sur les routes et chemins. L'itinéraire passe par le village de Brenac, ce qui vous permettra de faire un crochet par la ferme de Benoît et Séverine.

Départ : Prendre la route qui part derrière la mairie (se garer devant la croix de la mairie). Au carrefour avec la D78, tourner à gauche et prendre le premier chemin à droite. Après 500 m, bifurquer sur un chemin qui part à gauche et qui mène au hameau de Paulhac. Au hameau, tourner à droite après la première maison et suivre la route jusqu'au hameau de Cayrac. Tourner à droite au niveau de la chapelle, et suivre la route jusqu'à Brenac. À Brenac, prendre la route à gauche puis suivre la route de Quié.

À l'entrée du hameau, prendre à droite après le panneau sur un large chemin d'exploitation qui monte sur le Puech de Quié.

Retournez-vous après la montée pour admirer le panorama sur les monts du Cantal !

Le chemin débouche sur la D78. Continuer tout droit sur la D78 sur 150 m, et reprendre à gauche la petite route qui monte à Vitrac.

LA BONNE IDÉE

Gîte d'une capacité d'accueil de 10 personnes à Brenac : *réservation au 05 65 48 46 94.*

Repas à la **ferme de la Violette,** à 10 km de Brenac : cuisine traditionnelle de l'Aubrac dans un splendide corps de ferme. *Infos : La Violette – Alpuech, 12210 Lacalm, 05 65 44 31 73, https://lafermedelaviolette.wordpress.com.*

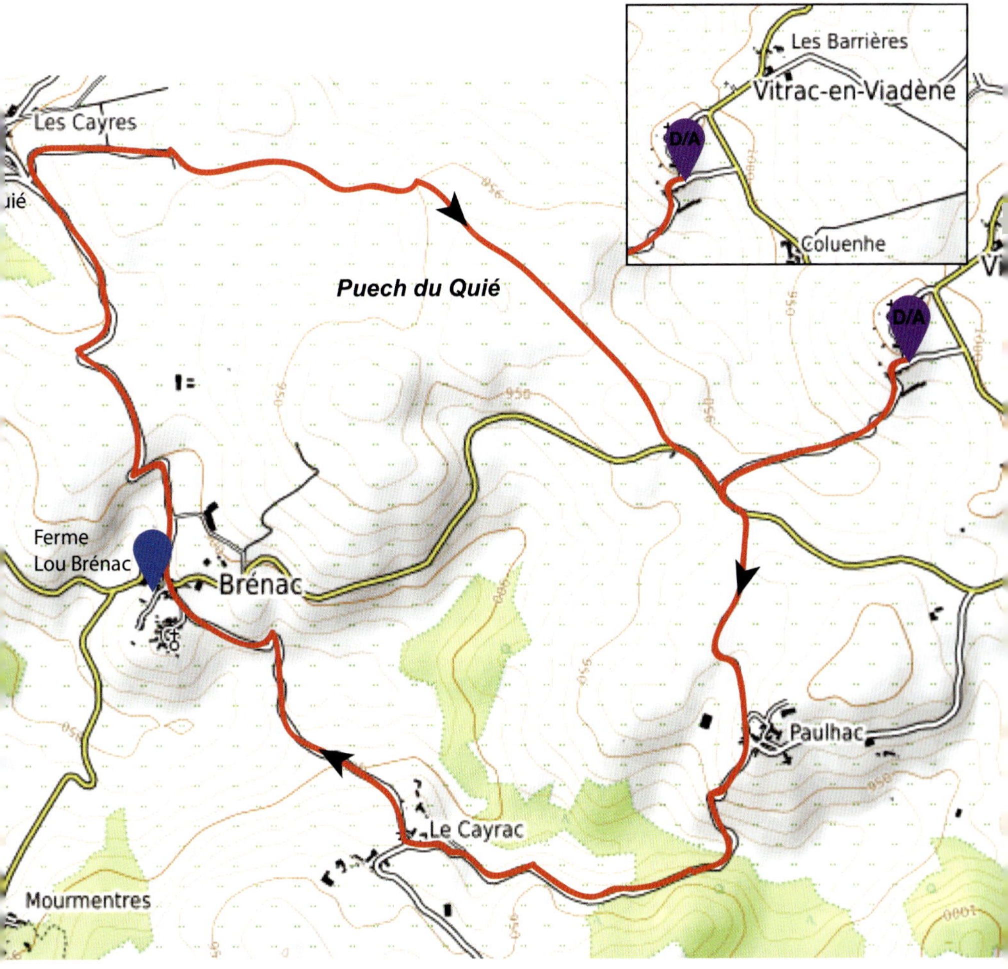

29 Grange de la Haute Vallée

– Cantal –

Mettre les pieds dans le Cantal, ce n'est pas seulement s'en mettre plein les mirettes, c'est aussi croquer à pleines dents dans un terroir unique. À la Grange de la Haute Vallée, on ne fait pas les choses à moitié : non pas un, mais trois fromages AOP d'Auvergne sont fabriqués sur place : cantal, bleu d'Auvergne, et l'inimitable salers. Au cœur du Parc naturel régional des Volcans d'Auvergne, la ferme saura, le temps d'un séjour, régaler vos pupilles comme vos papilles.

Située dans la vallée de l'Alagnon, entre Murat et Saint-Flour, la Grange de la Haute Vallée allie tradition et modernité dans sa fromagerie où sont fabriqués les trois grands fromages de la région : cantal, salers et bleu d'Auvergne, le tout en AOP. Le lait provient d'une quarantaine de vaches de race Montbéliarde, nourries à l'herbe de la prairie de la ferme. Quand elles ne sont pas à la traite (deux fois par jour), elles passent la belle saison dans les prés alentour, au milieu des collines auvergnates. Ce qui leur réussit plutôt bien : les plus belles laitières sont familières des concours, en attestent plusieurs prix du Comice du Haut-Cantal. Au cours de votre visite, vous aurez l'occasion d'aller à la rencontre du troupeau, de découvrir les différentes installations de la ferme, notamment l'étonnante grange et son impressionnante architecture, de voir le processus de fabrication des fromages et bien sûr, de les déguster.

CONTACT

La Grange de la Haute Vallée

Lieu-dit Pignou
15300 Albepierre-Bredons

www.bleucantal.fr

06 81 02 72 85

INFOS PRATIQUES

Visite : Les réservations pour les visites en famille se font auprès de l'office de tourisme de Murat au 04 71 20 09 47. Possibilité d'accueillir des groupes jusqu'à 25 personnes : contacter directement la ferme.

Salers fermier AOP

Fromage traditionnel du massif volcanique de l'Auvergne, le salers AOP peut être fabriqué avec le lait de toutes les races de vaches, bien qu'il tire son nom de la Salers, grande vache rouge aux longues cornes effilées. C'est un fromage très ancien dont la fabrication s'étale du printemps à l'automne, lorsque les bêtes sont en estive : c'est de là que lui vient son caractère. Le lait est transformé immédiatement après la traite dans une cuve en bois, la gerle. C'est elle qui va ensemencer le lait, et donner au fromage son goût si particulier.

Lait cru, pâte pressée non cuite, croûte boutonnée, le temps d'affinage de cette grosse tomme cent pour cent fermière (les meules font 40 kg !) est de minimum 3 mois. Après en avoir acquis un morceau, on le consommera dans le mois qui suit. Rendez-vous sur www.aop-salers.com, une mine d'infos sur ce délicieux fromage et son histoire !

DÉGUSTATION

Le salers AOP réclame un bon vin blanc sec, ceux du Languedoc-Roussillon tout particulièrement : collioure, saint-chinian, côtes-du-roussillon… Original mais accommandant, il s'incorpore dans tous les plats très facilement ! Salade, gratin, quiche, ou même hamburger, là encore, vous trouverez de nombreuses et alléchantes recettes sur le site de l'AOP.

© Marlène Pons

BOUCLE DE LA FONTAINE DE BREDONS

FICHE TECHNIQUE

2h05

1032 m

4 km

Facile

100 m

2435OT

Départ : De la ferme, prendre le boviduc (tunnel sous la route servant à faire traverser les vaches) pour traverser la D926.

Longer la 926 sur 50 m. Tourner à gauche après le garage en direction de l'église de Bredons, suivre la route communale sur 300 m.

S'engager sur le sentier à droite et monter jusqu'à la chapelle de Bredons (église romane du XIe siècle). Depuis la chapelle, descendre dans le village de Bredons (présence de maisons troglodytes). Suivre la route jusqu'à une belle fontaine. En face de cette dernière, prendre la route de gauche sur 50 m.

Prendre le chemin à droite. Après 5 min, prendre à gauche en face d'un bâtiment agricole (balisage « Vallée du Lagnon »).

Suivre ce chemin jusqu'au village d'Auzolles Bas. Arriver sur la D339, prendre à gauche et marcher sur 300 m. Prendre le chemin à gauche (après un bâtiment agricole sur la droite). Suivre ce chemin sur 1 km.

Arrivé à une patte d'oie, prendre à droite, le long du ruisseau (le Lagnon). Continuer jusqu'au balisage « Grange de la Haute Vallée » puis tourner à gauche, le suivre jusqu'à la ferme.

La fontaine de Bredons © Claude Geourjon, Flickr

LA BONNE IDÉE

Quelques idées de plats locaux à essayer sans tarder : la truffade, spécialité du Cantal à base de pommes de terre et de cantal, le steak de salers, les bourriols (ou crêpes aux mille trous).

Mise en pratique : à la **Ferme-Auberge de la Chapelle d'Alagnon**, non loin de Murat. *Infos : 15300 La Chapelle d'Alagnon, 04 71 20 23 86, www.ferme-chalets-cantal.com.*

Un tour en **vélorail** sur une ancienne voie ferrée, ça vous tente ? Voilà une manière originale de profiter des beaux paysages de la région. Départ des gares d'Allanche (à une vingtaine de kilomètres) et Landeyrat. *Renseignements : 04 71 20 91 77 – www.hautesterrestourisme.fr.*
Plus d'activités et de randos sur www.hautesterrestourisme.fr.

Maison de la Faune à Murat : découvrez des collections d'animaux naturalisés d'une grande qualité (insectes, mammifères, oiseaux) dans un magnifique hôtel particulier du XVIe siècle. *Renseignements : www.murat.fr.*

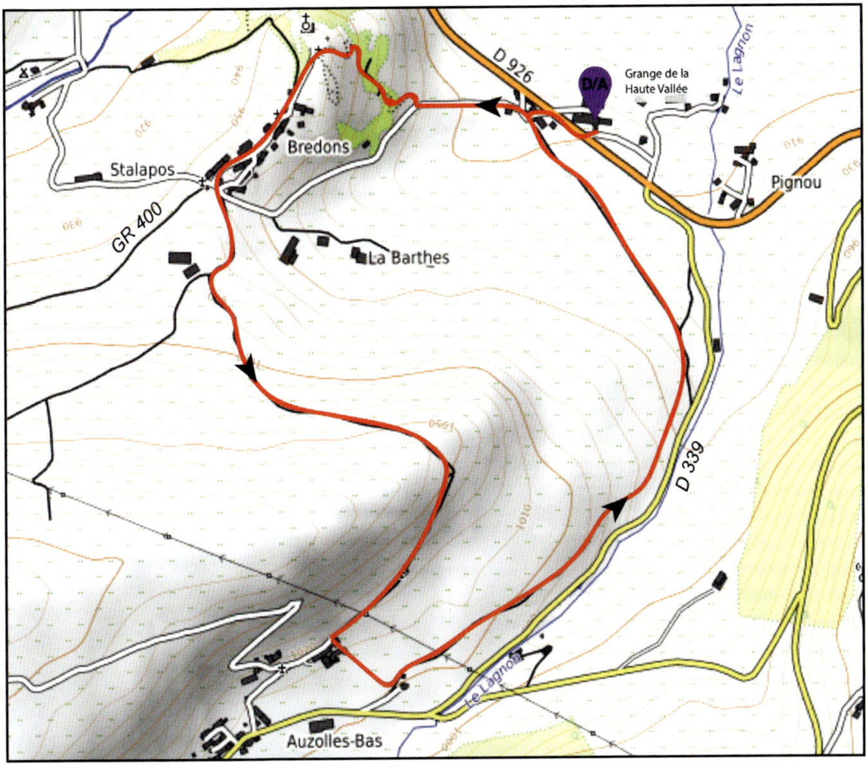

30 Fromagerie L'Ambertoise

– Puy-de-Dôme –

Oubliez l'éternelle chaîne des Puys ! Non, Auvergne ne rime pas nécessairement avec volcans, la preuve avec ce petit bout du département du Puy-de-Dôme : entre la seule fromagerie d'Ambert et les anciens moulins à papier de Valeyre, c'est sûr, vous sortirez des sentiers battus. Dégustation de fourme fermière, randonnée ombragée et visite du moulin Richard de Bas, le tout au cœur du très beau Parc naturel régional du Livradois-Forez.

Cette fromagerie récente est l'initiative d'un jeune couple qui a su faire preuve de persévérance : Gwenaëlle et Julien Rodary, installés en GAEC, ont officiellement ouvert les portes de leur fromagerie le 1er janvier 2015 (date de l'obtention de l'AOP). C'est dans la tête de Julien, qui baigne dans l'élevage laitier depuis tout petit, que germe l'idée de créer un atelier de fabrication de fourme. Gwenaëlle décide de rejoindre l'aventure, et suit plusieurs formations afin de connaître à fond tous les secrets de fabrication de ce doux fromage persillé. Une fromagerie moderne et fonctionnelle sort de terre sur l'exploitation familiale, où les 85 vaches de race Prim'Holstein fournissent le lait qui sert à la fabrication des fromages : fourmes d'Ambert AOP, diverses tommes, ainsi que des yaourts fermiers aux parfums étonnants : verveine, litchi, amande, cassis, poire…

CONTACT

Fromagerie L'Ambertoise
GAEC Rodary

Gwenaëlle et Julien Rodary
1754 E route de l'Aérodrome
Lieu-dit Ligonne 63600 Ambert

http://fromagerielamberto.wixsite.com/ambertoise

04 63 33 24 64

fromagerie.lambertoise@sfr.fr

INFOS PRATIQUES

Vente : Ouverture de la fromagerie les lundis, jeudis et vendredi de 8h à 12h et de 14h à 17h, et les mardis, mercredis et samedis de 8h à 12h. Fermé les dimanches et jours fériés.

Visite : Visites de mai à octobre tous les lundis et jeudis à 14h sur réservation. À la boutique, vous trouverez, en plus de la production de la ferme, des produits locaux : miel, confiture, bières, vins, glaces, terrines... ainsi que tous les fromages AOP d'Auvergne.

La fromagerie propose également un yaourt à l'ancienne, le « Mémé Colette », fabriqué uniquement avec du lait mais crémeux à souhait ; ou encore le « P'tit Marcel », un petit fromage qui n'est pas sans rappeler le saint-félicien. Deux produits baptisés en l'honneur des fondateurs de la ferme, Colette et Marcel Rodary !

Fourme d'Ambert fermière AOP

Avec deux fabrications hebdomadaires de fourme d'Ambert, Gwenaëlle et Julien en sont à un rythme de 60 à 120 fourmes par semaine, et ne comptent pas s'arrêter là, avec pour objectif d'augmenter la production dans les années à venir. Il était temps : avant eux, plus aucune fourme d'Ambert n'était fabriquée à Ambert ! Ce fromage à pâte persillée et au lait cru de vache est connu pour être le plus doux des fromages bleus.

Sa fabrication est délicate, la transformation du lait en fourme demande de nombreuses opérations. Son temps d'affinage est de 28 jours minimum, mais la fourme de L'Ambertoise reste en cave entre un mois et un mois et demi. Pour la conserver, l'idéal est d'éviter le réfrigérateur, et de la garder en cave si cette dernière est suffisamment fraîche. Sinon, emballez la fourme dans du papier d'aluminium avant de la mettre dans le bas du frigo, et sortez-la une, voire deux heures avant de la consommer, afin qu'elle retrouve tout son crémeux.

DÉGUSTATION

Elle sera aussi bien mise en valeur sur un plateau de fromage qu'incorporée dans vos plats. Un morceau de fourme sur une tranche toastée de pain d'épices ravira les plus gourmands. On peut également l'associer à des fruits secs (raisins, noix, noisettes) ou frais (figues, cerises, framboises). Côté vin, privilégiez les blancs doux : un côtes-d'auvergne AOC pour rester sur le terroir, ou un muscat de Saint-Jean-de-Minervois… Côté vin rouge : quelque chose de doux comme un muscat de Beaumes-de-Venise.

© Gwenaelle Rodary

© Coyau/Wikimedia Commons

LE CHEMIN DES PAPETIERS

Se garer rue du Forez à Ambert. Parking facile.

Départ: Rejoindre l'avenue Docteur-Eugène-Chassaing. Prendre à droite sur le sentier de l'Âne Bleu qui longe le ruisseau de Valeyre.

Prendre le tunnel sous la route D996. De l'autre côté, prendre l'allée en face légèrement sur la gauche et tourner à droite avant les bâtiments. Le chemin longe les bois. Prendre la passerelle et monter le talus (grimpe raide sur 50 m).

Au croisement, tourner à gauche (le retour de la boucle se fera par le chemin de droite). 100 m plus loin, virer à droite pour rejoindre la route d'accès au Clos. Suivre cette dernière à gauche jusqu'à la D57.

Au croisement avec la D57, poursuivre tout droit plein est sur une centaine de mètres. Quitter la route et prendre à gauche dans le pré, un chemin qui n'est pas très visible au départ. Ce chemin ombragé monte régulièrement jusqu'au hameau de Vimal Petit. Une fois à la sortie du groupe de maisons, prendre à droite, en direction de Nouarat.

On aperçoit à gauche des bâtiments d'anciens moulins en cours de restauration. Possibilité de prendre les deux petites passerelles sur les ruisseaux en longeant les bâtiments. Accéder à l'espace compris entre ces derniers, puis reprendre le chemin par un escalier en pierre, en direction du ruisseau de Gourre.

FICHE TECHNIQUE

3h20 | 776 m
9, 30 km | Moyenne
233 m | 2732SB

Traverser le ruisseau à gué ou par la passerelle, puis monter jusqu'à un croisement. Prendre le chemin qui monte à droite. À travers les branches des pins, belle vue sur Ambert. Le chemin descend tout droit jusqu'à la route. Au croisement, prendre à droite et suivre cette petite route côté gauche.

Avant un grand virage à gauche et les anciens Moulins de Nouarat, quitter la route pour prendre un petit chemin à gauche. Le départ n'est pas très visible de la route. Ce chemin mène aux maisons de la Pierre aux Milans. Juste avant les maisons, prendre la descente à droite. La pente est bien marquée par moments.

Au croisement de la route, poursuivre tout droit, puis virer à gauche en direction d'une petite place. Suivre le chemin à gauche du panneau « interdit sauf riverains » jusqu'au village de Valeyre et aboutir à une croix en pierre.

Prendre à droite et suivre une petite route, peu fréquentée, jusqu'au pont sur le ruisseau de Lagat, et le traverser. Prendre alors le chemin sous de grands arbres à droite et dépasser d'anciens moulins à gauche.

Juste après le pont sur le ruisseau de Lagat, prendre à gauche. Traverser à gué puis suivre le pré en bordure du ruisseau. Le chemin est peu marqué. Au fond du pré, traverser le ruisseau par une petite passerelle et suivre le chemin jusqu'à retrouver à gauche la descente du talus. Retour par le même chemin qu'au départ.

Auteur : Bernard Fontvieille, Visorando

LA BONNE IDÉE

Les Fourmofolies organisées tous les ans à Ambert, lors du premier week-end d'août, deux jours de festivités conviviales et gastronomiques. *Infos : www.fourme-ambert.com.*

Hôtel-restaurant **Les Copains**, à Ambert : gastronomie régionale de haute volée depuis plus de 80 ans. *Infos : www.hotelrestaurantlescopains.com, 04 73 82 01 02.*

Hôtel-restaurant **La Chaumière**, à Ambert : une cuisine traditionnelle valorisant les produits locaux, dont la fourme d'Ambert bien évidemment ! *Infos : www.restaurant-ambert.fr, 04 73 82 14 94.*

Vélorail d'Ambert : balade insolite sur la voie ferrée ! *Infos : velorail-ambert.fr, 04 73 82 43 88.*

31 GAEC de la Ligulaire

– Puy-de-Dôme –

Perchée à 1 000 m d'altitude dans le petit village d'Espinasse, la famille Chabot produit un excellent saint-nectaire fermier (primé en 2011), fruit d'un savoir-faire familial qui remonte aux années 1920. En effet, si la création du GAEC ne date que de 2010, cela fait en réalité quatre générations que les Chabot exploitent la ferme. Son nom, La Ligulaire, provient d'une fleur d'origine sibérienne que l'on trouve dans la narse (tourbière) d'Espinasse, près de la ferme, et qui fleurit vers le 15 août.

La fabrication des fromages, qui avait cessé dans les années 90, a repris avec la création du GAEC lorsque les enfants du couple Chabot, Aurélie et Nicolas, ont décidé de reprendre le flambeau. À présent, la ferme compte 65 vaches laitières ; avec leur lait sont fabriqués et affinés les saint-nectaires, dont une moitié est vendue en blanc (non affinés) à des affineurs. Les Chabot fabriquent aussi du gaperon, un fromage frais type Boursin.

CONTACT

Ferme Chabot
GAEC de la Ligulaire

Famille Chabot
Espinasse
63970 Saulzet-le-Froid

04 73 79 31 32 ou
06 67 44 29 08

gaecdelaligulaire@hotmail.fr

INFOS PRATIQUES

Vente : Ouverture du lundi au samedi de 11h à 12h30 et de 16h à 18h sauf dimanche et jours fériés.

Au fond de la boutique, un hublot permet de voir la cave d'affinage.

Saint-Nectaire fermier AOP

Si ce véritable trésor de la gastronomie auvergnate ne prend le nom de saint-nectaire qu'à partir du XVIIe siècle, son existence est attestée dès le Moyen Âge où les paysans réglaient leur seigneur en « fromage de seigle » (car affiné sur la paille de seigle). De forme ronde, généreuse, il possède une croûte fleurie, une pâte souple et tendre au goût de noisette. Il est fabriqué depuis toujours par les femmes, et cette tradition a été en partie conservée puisque la plupart des producteurs sont aujourd'hui encore des productrices.

La zone délimitée par l'AOP a une grande importance puisque le fromage tire sa saveur de la grande qualité de l'herbe qui pousse en terre volcanique et offre une variété aromatique sans pareille : réglisse, thym serpolet, gentiane, airelles, ciste (fenouil des Alpes), achillée millefeuille… L'affinage est également un point clé de la fabrication du saint-nectaire : 28 jours d'affinage minimum, plusieurs lavages à l'eau salée et de multiples attentions sont nécessaires pour qu'il développe ses arômes inimitables et sa croûte fleurie allant du gris au marron orangé.

DÉGUSTATION

Il est souhaitable de sortir le fromage du réfrigérateur au moins trente minutes avant de le déguster. Le goût délicat de noisette du saint-nectaire sera mis en valeur par un côtes-du-rhône léger et fruité. Il s'harmonisera également parfaitement avec un vin blanc minéral et fleuri de sa région comme un côtes-d'auvergne.

Retrouvez en annexe la délicieuse recette des muffins au saint-nectaire, une version revisitée de la tartiflette au saint-nectaire à partager au moment de l'apéritif !
D'autres idées de recette sur : www.aop-saintnectaire.com.

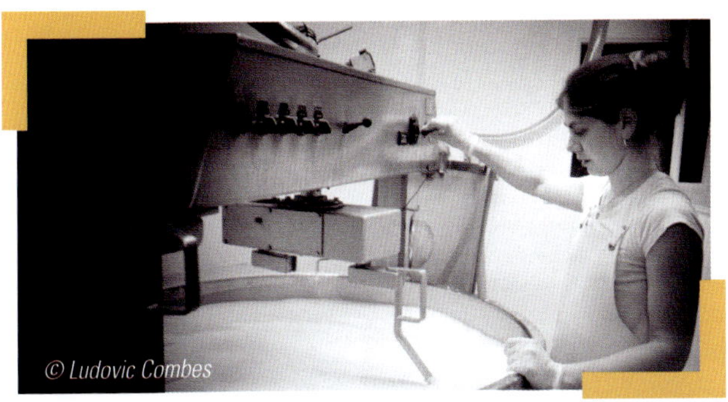

© Ludovic Combes

LA NARSE D'ESPINASSE ET LE PUY DE COMBEGRASSE

FICHE TECHNIQUE

2h30 — 1120 m

9 km — Facile

200 m — 2531ET

Espinasse (Saulzet-le-Froid) se situe à environ 30 min au sud-ouest de Clermont-Ferrand, via la N89. Cette randonnée comporte deux boucles, qui permettent de découvrir la narse (tourbière) d'Espinasse et de jouir de magnifiques vues sur le paysage volcanique auvergnat.

Départ : Se garer à la sortie du hameau de La Garandie.

Depuis le parking, suivre le fléchage jaune. Continuer tout droit, sur le chemin d'origine. Descendre puis remonter sur une large piste au milieu du hameau d'Espinasse. Traverser le hameau en suivant le fléchage, en prenant à gauche jusqu'à la ferme Chabot.

Passer par le chemin à gauche en dessous de la ferme. Continuer 800 m en suivant le chemin fléché en jaune. Au croisement, tourner à gauche sur le GR® 4/441. Suivre le chemin jusqu'à arriver près de la narse d'Espinasse.

Au croisement, sortir du GR® en montant le long d'un champ pour profiter de la vue sur la chaîne des Puys. Revenir sur le chemin. Au croisement suivant, prendre à gauche. Vous êtes revenu au parking. Marcher pendant 400 m puis prendre à gauche une autre large piste. Après quelques mètres, arriver près d'une petite habitation et d'une clairière et retrouver le PR du puy de Combegrasse.

Suivre les panneaux en bois indiquant les deux sommets. Après une petite côte, on arrive au sommet numéro 1 d'où l'on peut voir la chaîne des Puys, le massif du Sancy et le Forez. Continuer jusqu'au sommet numéro 2 pour voir le cratère du puy de Combegrasse.

Suivre enfin l'indication retour.

Descriptif et photos à retrouver sur : www.lesterresdumilieu.fr, ainsi que d'autres belles randonnées auvergnates.

La narse d'Espinasse © Aurélie Chabot

LA BONNE IDÉE

Non loin de la ferme, le gîte **Le Bonheur dans le Pré**, gîte d'étape et de groupes, séjours randonnée et stages Qi Gong. *Infos : Hameau de Fontsalive, 63210 Vernines, 04 73 21 54 7 – 06 83 41 48 64, www.gitelebonheur.fr.*

Le Puy d'Alou, restaurant proposant de la cuisine française et auvergnate (dont la truffade), dans le beau village du Vernet-Sainte-Marguerite. *Infos : 63710 Le Vernet-Sainte-Marguerite, 04 73 87 93 31.*

Avant de se rendre au Puy d'Alou, on peut passer prendre l'apéro à la **Buvette du Sancy** à Mareuge, village voisin du Vernet-Sainte-Marguerite : petite restauration, planches apéros et boissons… tout est local ! C'est également un espace convivial : des activités ludiques, culturelles ou de bien-être y sont proposées. Rendez-vous sur le site internet pour découvrir le programme des animations. *Infos : Rue de la Fontaine, Mareuge 63170 Le-Vernet-Sainte-Marguerite, 04 73 88 63 37, https://labuvettedusancy.com.*

MUFFINS AU SAINT-NECTAIRE AOP

De la ferme de la Ligulaire

Ingrédients pour 10 muffins :

- 100 g de saint-nectaire
- 500 g de pommes de terre à purée
- 2 œufs
- 100 g de lardons
- 1 gros oignon jaune
- Sel, poivre

1. Éplucher les pommes de terre, les couper en dés et les faire cuire dans de l'eau bouillante.
2. Dès que celles-ci sont tendres, les égoutter et les écraser à l'aide d'un presse-purée ou d'une fourchette.
3. Ajouter 2 œufs entiers et mélanger. Saler, poivrer et réserver.
4. Faire dorer les lardons dans une poêle. Éplucher et émincer l'oignon et l'ajouter aux lardons. Lorsque ceux-ci sont translucides, réserver.
5. Retirer la croûte du saint-nectaire et découper 10 gros dés.
6. Dans des mini moules à muffins, disposer une cuillère à soupe de pommes de terre et une cuillère à café de mélange lardons/oignons. Déposer un gros dé de saint-nectaire au centre.
7. Recouvrir de pommes de terre. Cuire environ 20-25 min à 180°C.
8. Démouler aussitôt et déguster.

D'autres idées de recettes avec du saint-nectaire sur www.aop-saintnectaire.com.

GALETTES DE POMMES DE TERRE ET TOMME DE BREBIS

De la ferme du Carré d'Ouaille

Ingrédients :

- 200 g de tomme de brebis
- 800 g de pommes de terre
- 2 oignons
- Persil
- Huile d'olive
- Poivre

1. Laver les pommes de terre, sans les éplucher.
2. Cuire les pommes de terre dans l'eau bouillante 15 minutes. Elles doivent être encore un peu fermes à cœur en fin de cuisson.
3. Éplucher les pommes de terre, les couper en lamelles, peler et émincer les oignons.
4. Chauffer une poêle avec un filet d'huile d'olive, mettre les rondelles de pommes de terre, les oignons et le persil. Cuire à feu moyen pendant 15 min.
5. Étaler dessus les lamelles de tomme et poivrez.
6. Cuire pendant 5 à 10 min en couvrant la poêle jusqu'à ce que le fromage soit fondu.
7. Retourner la galette et cuire encore 5 min.
8. Servir chaud.

FONDUE À LA TOMME DU CHARMANT SOM

De la fromagerie du Charmant Som

Ingrédients :

- Une tomme du Charmant Som entière (petit format 1,5 kg)
- Du vin blanc
- Du pain un peu sec

1. Réchauffer le four.
2. Ôter la croûte de la face supérieure de la tomme.
3. Placer la tomme dans un caquelon (qui va au four).
4. Creuser des trous assez profonds dans l'épaisseur de la tomme et les remplir de vin blanc.
5. Enfourner 40 min, le temps que le fromage fonde.
6. Couper des morceaux de pain.
7. Placer le caquelon sur l'appareil à fondue, et attaquer !

ALIGOT À LA TOMME BLANCHE (NON AFFINÉE)

De la fromagerie du Charmant Som

Ingrédients pour 4 personnes :

- 600 g de pommes de terre
- 600 g de tomme blanche
- Une gousse d'ail
- Sel, poivre

1. Faire cuire les pommes de terre à l'eau.
2. Les éplucher et les mixer jusqu'à obtenir une purée homogène.
3. Couper la tomme en fines lamelles.
4. Broyer l'ail.
5. Ajouter les lamelles de tomme à la purée, malaxer le tout avec l'ail, le sel, le poivre, jusqu'à obtenir une pâte élastique.
6. Servir aussitôt, accompagné d'une salade verte.

Pour les gourmands, on peut ajouter un œuf au plat sur le dessus de la préparation.

SOUFFLÉ AU BLEU DU VERCORS-SASSENAGE AOP ET AUX NOIX

De la ferme de la Bourrière

Ingrédients pour 8 personnes :

- 60 g de beurre
- 60 g de farine
- 50 cl de lait
- 4 jaunes d'œuf
- Sel, poivre, muscade
- 150 g de bleu du Vercors-Sassenage AOP
- 100 g de noix de Grenoble en poudre
- 10 blancs d'œuf

1. Choisir des moules à soufflé avec des bords bien droits. Beurrer soigneusement, puis enduire le fond et les bords de farine. Retourner les moules pour éliminer l'excédent de farine.
2. Dans une casserole, faire fondre doucement le beurre. Ajouter la farine et cuire ce roux à feu doux 1 minute.
3. Ajouter le lait et porter à ébullition 3 min en remuant constamment avec le fouet.
4. Ajouter le sel, le poivre moulu et une pointe de muscade râpée, les 4 jaunes d'œuf, les noix et le bleu du Vercors coupé en petits cubes.
5. Porter à ébullition quelques secondes, verser le tout dans un saladier, filmer directement au contact de l'appareil. Laisser reposer.
6. Monter les blancs en neige avec une pincée de sel. Détendre l'appareil avec un peu de blancs en neige puis incorporer délicatement le reste des blancs en neige à l'aide d'une spatule en soulevant la préparation.
7. Remplir les moules, lisser avec une spatule.
8. Placer les moules au bain-marie dans une plaque à rebords tapissée de papier rempli à moitié d'eau. Porter à ébullition sur le feu puis placer le tout au four à 180°C pendant 15 à 20 min.

TARTINES DE POTIRON AU BLEU DU VERCORS-SASSENAGE AOP ET NOIX DE GRENOBLE

Ingrédients :

- 4 tranches de pain de campagne
- 400 g de potiron
- 200 g de bleu du Vercors-Sassenage AOP
- 300 g de crème fraîche épaisse
- Vercorais râpé (gruyère du Vercors)
- Quelques cerneaux de noix de Grenoble
- Sel, poivre

1. Vider et éplucher le potiron, le couper en petits cubes.
2. Faire cuire 20 min environ dans une casserole d'eau bouillante et salée.
3. Retirer l'eau et réserver.
4. Préchauffer le four à 180°C.
5. Mixer le bleu puis mélanger avec la crème fraîche.
6. Étaler la crème au bleu sur les tartines, recouvrir avec les cubes de potiron et les cerneaux de noix.
7. Saler, poivrer puis ajouter le Vercorais râpé.
8. Enfourner 10 min.

© Vincent Grêlé, Arts Culinaire Formation

ESCALOPES DE VEAU ROULÉES AU FROMAGE DE BREBIS DES ARDENNES

De la ferme de Saint-Quentin

Ingrédients pour 4 personnes :

- 2 escalopes de veau
- 2 tranches de jambon sec
- 1 bûche de fromage de brebis affinée
- 2 œufs
- 2 cuillères à soupe de farine
- Chapelure
- 1 morceau de beurre
- 1 pincée de noix de muscade, basilic, sel et poivre

1. Déposer une tranche de jambon sec sur chaque escalope.
2. Couper en deux la bûche de fromage dans le sens de la longueur et poser sur la préparation.
3. Ajouter une pincée de muscade, basilic, sel et poivre.
4. Rouler le tout et maintenir par des piques en bois.
5. Les passer dans la farine, les œufs battus et les enrober de chapelure.
6. Faire revenir les escalopes panées dans la poêle avec un morceau de beurre.
7. Ajouter deux verres d'eau et laisser mijoter 20 min à feu doux.
8. Servir avec une salade de saison.

La caverne aux merveilles © Tristan Duchet

BIBLIOGRAPHIE

- CANTIN Marie-Anne, *Guide de l'Amateur de fromages*, Albin Michel, 2013
- COUMES Paul-André, *La Montagne Habitée*, Rouergue, 2013
- FROC Jean, *Balade au pays des fromages : les traditions fromagères en France*, Quae, 2006
- NAVELLO Jean-Marc, *Au cœur de la France des 1 000 fromages : carnets de voyage*, Ouest-France, 2003
- THIZY Stéphanie, DUSSANS Sylvain, *La Tome des Bauges*, Gap, 2012

SITOGRAPHIE

Quelques sites de fromages en AOP :

- https://www.aop-saintnectaire.com
- http://www.aop-salers.com
- http://www.aoc-banon.com
- https://crottindechavignol.fr/le-chavignol
- http://www.fourme-ambert.com/fr/
- https://www.fromage-laguiole.fr
- https://www.fromage-normandie.com
- http://www.fromage-morbier.com
- http://www.tome-des-bauges.com

Accords fromages-vins :

- https://androuet.com
- http://www.vin-vigne.com/mets-vins/#fromage

Sur les différents types de fromages et procédés de fabrication :

- https://www.produits-laitiers.com

Et à propos du « m » de la Tome des Bauges :

- https://www.produits-laitiers.com/article/tomme-ou-tome

Une mine d'or pour les randos :

- https://www.visorando.com + l'appli mobile redoutablement efficace

Pour des tracés plus précis :

- https://www.geoportail.gouv.fr/carte

REMERCIEMENTS

Tout d'abord, merci à Tristan Duchet, qui m'a confié pour la seconde fois un projet aux Éditions du Chemin des Crêtes et m'a fait confiance ; *Rando-fromage* a été pour moi une belle occasion d'apprendre, tant sur le fromage que sur la manière d'écrire et de concevoir un livre !

Un IMMENSE merci à toutes les personnes citées dans ces pages, qui sont les contributeurs principaux de cet ouvrage : tous les producteurs ayant accepté de faire partie de ce livre, tous ceux qui leur ont donné un coup de main, ceux qui ont accepté de partager leurs photos, leurs randonnées, leurs recettes... Merci d'avoir répondu présent, et d'avoir, coup de fil après coup de fil, mails après mails, donné du temps et de la matière afin que le contenu de *Rando-fromage* prenne vie.

Merci à ceux qui m'ont accueillie dans leur ferme ou sur leurs alpages avec mon bloc-notes et mon appareil photo, et se sont arrêtés quelques instants dans leur activité pour répondre à mes questions.

Merci à toutes les personnes des offices de tourisme contactées qui m'ont aidée et fourni des randonnées pertinentes à proximité des exploitations : Adeline de l'OT de Vervins, Christelle Messin du Pays Touristique de Fougères, Anne Maignien de l'OT de Cosne-sur-Loire.

Merci à toutes les personnes m'ayant soufflé et aidé à trouver des idées de contacts, qu'elles aient été fructueuses ou non : Mélissa Antoyé, Kristell Dano, Augustin Adrien, Augustin Hans, Grégoire Fisher, Laurine Lemesle, Stéphanie Thizy, Sylvain Dussans...

Merci aux relecteurs : Hélène, Valentin, ainsi qu'aux relectrices du Chemin des Crêtes.

Merci à Camille Delahaye et Mélissa Antoyé pour le coup de main sur la maquette, et à Maud Lecarpantier pour les astuces cartographiques.

DANS LA MÊME COLLECTION

RANDO–FROMAGE DANS LES ALPES DU NORD

Belles balades et fromageries de qualité

Ce livre propose un tour d'horizon de tous les massifs de l'Isère, de la Savoie et de la Haute-Savoie, à travers des parcours de difficultés variées, entre Bauges, Vercors, Chartreuse ou encore Aravis. De pages en pages, nous vous emmenons à la rencontre de ceux qui ont tous les jours les mains dans le chaudron et qui savent parler au caillé. Micro-productions fermières, exploitations plus importantes, peu importe la taille tant qu'on a l'ivresse d'une pâte bien affinée. Ludique, informatif, moulé avec passion, *Rando-fromage dans les Alpes du Nord* se destine aux aventuriers de l'authenticité et aux trublions du goût véritable.

RANDO-VIN EN FRANCE

Belles balades et domaines viticoles de qualité

Aux quatre coins des régions viticoles, les vignobles ont pour cadre des paysages exceptionnels. En altitude sur des terrasses escarpées, en plaine, au bord de la mer… Leurs domaines constituent un point de départ privilégié pour de jolies randonnées au cœur de la nature ! Ce livre vous présente une sélection d'itinéraires de randonnées et vous invite à aller à la rencontre de vignerons passionnés. Travaillant en agriculture raisonnée, biologique ou biodynamique, ces artisans seront heureux de partager avec vous leur philosophie du vin. Récompense ultime de la randonnée ; la dégustation de vins au sein de leurs caveaux ! Santé !

RANDO-VIN DANS LES CÔTES DU RHÔNE

Belles balades et domaines viticoles de qualité

De part et d'autre du Rhône, le vignoble des Côtes du Rhône et Côtes du Rhône Villages vous ouvre ses portes ! Du Vaucluse à la Drôme, en passant par l'Ardèche et le Gard, ce livre présente 40 domaines et 40 randonnées détaillées, il s'attarde sur les propriétés du nord de la Vallée du Rhône avant de filer en zone méridionale. De quoi découvrir un large panel d'expressions typiques des appellations Côtes du Rhône et Côtes du Rhône Villages et des magnifiques paysages associés. Réunis sous la bannière « Cultivons le respect », les 40 vignerons sélectionnés ont à cœur de partager leur amour de la terre et leurs pratiques pour préserver la biodiversité. Répartis en trois catégories – la cave dégustation, la cave découverte et la cave expérience –, les domaines viticoles sont de véritables lieux de vie et proposent des expériences œnotouristiques mémorables à découvrir.

RETROUVEZ NOTRE BOUTIQUE SUR :
WWW.CHEMINDESCRETES.FR

LES PLUS BELLES RANDONNÉES VISORANDO

70 randonnées à travers la France

Parcourez la France à travers les 70 plus belles randonnées Visorando ! De la Bretagne à la Corse, en passant par les Pyrénées, le Massif central et les Alpes, cet ouvrage, illustré de magnifiques photos, vous invite à parcourir les plus beaux sentiers français. Découvrez toutes les informations pratiques sur l'accès, l'histoire du lieu, le tracé détaillé sur carte IGN, ainsi que tous les éléments nécessaires pour bien préparer votre sortie. Pour chaque randonnée, un QR code vous permet d'accéder à la fiche de la randonnée sur l'application Visorando : géolocalisation, mises à jour, commentaires, informations techniques...

LES PLUS BELLES RANDONNÉES VISORANDO DES ALPES

Lacs, sommets et belles vallées

Parcourez les Alpes à travers les 62 plus belles randonnées Visorando ! De la Chartreuse au Mercantour, en passant par les somptueux massifs de la Vanoise et des Écrins, cet ouvrage, illustré de magnifiques photos, vous invite à parcourir les plus beaux sentiers des Alpes. Découvrez les vallées verdoyantes, les sommets enneigés et les plus beaux lacs de la Haute-Savoie aux Alpes-Maritimes.

RANDO-BIÈRE EN FRANCE

Jolies balades et brasseries artisanales de qualité

La randonnée comme prétexte à une bonne bière ? Et pourquoi pas ! Partez à la découverte d'itinéraires de randonnées originaux et qui ont la bonne idée de se dérouler à proximité de brasseries artisanales de qualité. Vous pourrez ainsi marier plaisir de la marche et dégustation zythologique (étude de la bière). Laissez-vous surprendre par des brasseries et des bières choisies selon des critères de goûts, de rencontres et d'un état d'esprit ayant séduit l'auteur. Ce livre est aussi l'occasion de mettre en avant des artisanes et des artisans qui travaillent des matières premières de qualités avec passion et envie afin de donner corps à leur notion de plaisir. La randonnée et la bière ce n'est que ça, du plaisir ! Santé !

DANS LA MÊME COLLECTION

Pour en savoir plus sur les Éditions du Chemin des Crêtes, vous pouvez consulter notre site Internet et retrouver notre boutique sur :

www.chemindescretes.fr

Vous pouvez également suivre notre actualité sur les réseaux sociaux :

Éditions du Chemin des Crêtes

chemin_des_cretes_editions

À bientôt sur le chemin des crêtes !

IMPRIMÉ & RELIÉ en FRANCE par sepec